100 Rezepte

Die Italienische Küche

100 Rezepte

Die Italienische Küche

von
Renato Rudatis

Unipart - Verlag • Stuttgart

Inhalt

© PETER HALFAR MEDIA GMBH
& CO HOLDING KG
Remseck bei Stuttgart

genehmigte Lizenzausgabe für
UNIPART-VERLAG GMBH,
Remseck bei Stuttgart, 1996

ISBN 3 8122 3339 8

VORWORT

Für viele Feinschmecker erscheint Italien als das kulinarische Schlaraffenland schlechthin. Tatsächlich hat keine andere Küche der Welt in den letzten Jahren einen derart beeindruckenden Siegeszug angetreten wie die italienische. Die italienische Küche besticht in vielerlei Hinsicht. Einmal sind die Gerichte oft von bemerkenswerter Einfachheit. Auch die große Produktpalette und die erstklassige Qualität der Waren gehören zu den wesentlichen Merkmalen der italienischen Küche.

Jede Region, jeder Landstrich und fast jede Stadt haben ihre kulinarischen Besonderheiten. Die Italiener sind ebenso Genießer wie ihre französischen Nachbarn. Deshalb galt es schon bei den alten Römern als selbstverständlich, die "ars culinaria" zu beherrschen. Auch heute noch beginnen die Gaumenfreuden mit der Kunst der Zubereitung - die natürlich erlernt werden muß. Nur wer selbst mit Freude und Phantasie die verschiedenen Arten der Zubereitung studiert und ausprobiert hat, wird ein echter Genießer werden.

Neben der richtigen Zubereitung achtet man in Italien besonders sorgsam auf die Einhaltung der Speisenfolge. Essen ist der gesellschaftliche Höhepunkt eines Tages, darüber hinaus auch einfach eine Leidenschaft, der die Menschen mit Freude nachgehen.

So ist es selbstverständlich, daß vor dem Essen ein Aperitif gereicht wird, um Gäste und Gastgeber auf die Genüsse richtig einzustimmen. Den kulinarischen Auftakt bilden die "antipasti", eine Auswahl von vielen kleinen, appetitanregenden Köstlichkeiten. Besonders beliebt als "antipasti" sind roher oder gekochter Schinken, Salami, Mortadella, Fischhäppchen, Oliven, Artischockenherzen, in Öl gebratenes Gemüse oder Salate, die mit frischem Weißbrot serviert werden.

Auf die "antipasti" folgt die "pasta". In Sachen Nudelgerichte kann den Italienern niemand etwas vormachen. Ob nun in der Suppe, mit Sauce oder raffiniert gefüllt - in jedem Fall sind die Teigwaren ein kulinarischer Hochgenuß. Die weiteren Gänge, bei denen Fisch, Fleisch, Geflügel, Ge-müse, Salat oder Süßspeisen aufge-tragen werden, sollen dann allein "per la gola" - um des Genusses willen gegessen werden.

Die Weine werden je nach Art des Menüs ausgewählt. Dazu wird eine Karaffe mit gekühltem Wasser auf den Tisch gestellt. Weitere unentbehrliche Utensilien auf dem gedeckten italienischen Tisch sind ein großer Korb mit Weißbrot und eine Menage mit Salz, Pfeffer, Essig und Öl, um die Salate anzumachen, die als Beilage serviert werden.

Zum Abschluß und als i-Tüpfelchen eines jeden Menüs, wird ein starker Kaffee oder besser noch ein Espresso gereicht. Wer seinem Magen noch etwas Gutes tun will, der gönnt sich zuletzt einen Digestif, etwa ein Gläschen Fernet oder Sambuca. Nicht nur italienische Feinschmecker haben erkannt, daß zu einem guten Essen einfach auch gute Freunde gehören, die zu einer gemütlichen Atmosphäre beitragen. Die Rezepte in diesem Buch sind für 4 Personen berechnet, die alle eine gehörige Portion Hunger mitbringen sollten.

Mit diesem Buch möchte ich nicht nur den erfahrenen Koch, sondern gerade auch den ungeübten Italienliebhaber in die Geheimnisse der italienischen Küche einweihen. Praktische Regeln für die Zubereitung und bewährte Tips garantieren den Erfolg. Und damit dem kulinarischen ein optischer Genuß vorangeht, ist das Buch mit opulenten Fotografien gespickt.

Lassen Sie sich von der italienischen Kochkunst und dem Charme des Mittelmeers verzaubern.

Ich wünsche Ihnen beim Nachkochen der Rezepte viel Spaß, gutes Gelingen, und genießen Sie Ihr italienisches Menü zusammen mit Ihren Freunden.

PASTA

In der italienischen Küche spielen viele Lebensmittel ein Rolle. Der Star aber ist unangefochten die "pasta". Für viele ist die "pasta" geradezu der Inbegriff italienischer Kochkunst.

Generell gibt es zwei Arten von Teigwaren. Die erste wird aus Hartweizengrieß und Wasser hergestellt und wird "pasta secca" genannt. Vor allem in Norditalien und Südtirol erfreut sich die zweite Art großer Beliebtheit, "pasta all' uovo" auch "pasta fresca" genannt. Sie wird aus Weizenmehl, Eiern, Wasser und Salz zubereitet, ist also mit den bei uns bekannten Eiernudeln eng verwandt.

Die Formen und Farben der italienischen Nudeln sind unzählbar. Die Schätzungen schwanken zwischen 300 und 600 verschiedenen Sorten. Dazu gehören so prominente Namen wie Tortellini, Lasagne, Cannelloni, Maccheroni, Ravioli, Fusilli, Farfalle, und allen voran die Spaghetti, die langen, dünnen Fadennudeln, die in aller Welt bekannt sein dürften.

Natürlich schmecken selbstgemachte Nudeln am allerbesten. Aber andererseits gibt es heutzutage ein schier unendliches Angebot von industriell hergestellten Waren, so daß es unklug wäre, sich nicht davon zu bedienen. Im Supermarkt werden heute nicht nur die verschiedensten Formen von Nudeln angeboten.

Auch was die möglichen Färbungen angeht, haben Sie die Auswahl. Gefärbte Nudeln können Sie selbst individuell herstellen. Sie brauchen nur etwas püriertes Gemüse, z.B. Rote Bete, Spinat oder Paprika, das Sie unter den Nudelteig mischen. Ebenso können Sie Gewürze oder Kräuter kleinhacken und in den Teig mengen. Safran macht nicht nur den Kuchen gelb, sondern auch Ihre Nudeln, wenn Sie es wünschen.

Nudeln sind schnell und problemlos zubereitet. Pro Person können Sie mit etwa 100-125 Gramm Teigwaren rechnen. Je 100 Gramm geben Sie 1 Liter gesalzenes Wasser in einen ausreichend großen Topf. Wenn das Wasser sprudelnd kocht, werfen Sie die Nudeln hinein. Damit diese nicht verkleben, geben Sie einen Spritzer Öl hinein.

Auf den Nudelpackungen sind stets die Garzeiten aufgedruckt. Das sind nur ungefähre Zeiten. Generell gesagt brauchen kleine Nudeln etwa 2-6 Minuten Kochzeit, größere Nudeln 10-12 Minuten.

Den genauen Garpunkt müssen Sie selber herausfinden, indem Sie eine Nudel aus dem Kochwasser nehmen und probieren. Wenn sie im Kern noch Biß hat, dann ist es soweit. Es gibt für den Nudelliebhaber nichts Schlimmeres als eine zu weiche, klebrige Nudel.

GEMÜSE

Neben den Nudeln spielt in der italienischen Küche das Gemüse eine große Rolle, eine wesentlich wichtigere als bei uns. Denn Italien bietet durch seine sonnige Lage am Mittelmeer für die meisten Gemüsesorten ein ideales Klima. Was in Italien das ganze Jahr über angeboten wird, das können wir im kühleren Norden heute auch schon fast immer kaufen, wenn auch zu einem höheren Preis. Manche Gemüsesorten sind uns inzwischen vertraut. Einige dieser Gemüsesorten, die den besonderen Geschmack Italiens repräsentieren, sollen hier vorgestellt werden.

An erster Stelle steht die Tomate. Sie ist immer noch das typische Gemüse aus Italien, und die Spaghetti mit Tomatensoße sind der Klassiker unter den italienischen Gerichten schlechthin. Frische Tomaten gibt es in vielen Sorten. Aber auch getrocknet oder als Konserve, geschält, gepreßt, oder als Mark - die Tomate ist nahezu bei jedem Essen in irgendeiner Form dabei, ob als Hauptsache, als Beilage, als Würze oder als Zutat. Tomaten einzumachen gehört vor allem im Süden Italiens zu den Grundlagen der Haushaltsführung.

Fenchel ist hierzulande zwar bekannt wird aber nicht überall geschätzt. Ganz anders in der italienischen Küche. Fenchel kommt in allen Varianten zum Einsatz. Ob roh im Salat, blanchiert als Gemüse, oder gekocht in der Nudelsauce. Die Zucchini wird gern in Salaten verwendet; besonders beliebt sind aber die im Öl gebackenen Scheiben als Teil der "antipasti".

Spinat und der ähnlich schmeckende Mangold, ein Blattgemüse, werden oft als Beilagen verwendet.

Sehr häufig findet man den Broccoli auf italienischen Tafeln. Broccoli schmeckt ein wenig herber als der bei uns bekannte Blumenkohl.

Auch Auberginen, Artischocken, Paprika und Bohnen sind aus italienischen Küchen nicht wegzudenken.

FLEISCH + WURST

Italienische Küche ist natürlich nicht nur eine vegetarische Küche. Aber die Unterschiede zu unseren Gewohnheiten sind doch groß. Fleischgerichte sind bei einem italienischen Menü nur ein Gang neben anderen. Meist wird das Fleisch sogar einzeln serviert. Es soll mit seinem Eigenaroma genossen werden, ohne sich in aufdringlichen Soßen zu verlieren oder unter Beilagenbergen zu verschwinden.

Ansonsten kommen in der italienischen Küche alle Fleischsorten vor, die auch bei uns verwendet werden, also Rind, Schwein, Kalb, Lamm, Hammel oder auch Ziegenfleisch. Im Unterschied zu uns, finden Italiener einen besonderen Geschmack an Innereien. Ebenso stehen alle Arten von Geflügel auf dem italienischen Speisezettel.

Wurst und Schinken gehören für Italiener nicht nur aufs Brot. Beides findet auch beim Kochen Verwendung. Dabei denkt der Koch nicht daran, die Essensmenge zu vermeh-

ren. Er benützt Wurst und Schinken als würzende Beigabe, oder feingehackt in pikanten Füllungen.

Der luftgetrocknete Parmaschinken ist in aller Welt als Delikatesse bekannt und sollte auf keinem Vorspeisenteller fehlen. Italienische Salami wird heute aus Rindfleisch, Schweinefleisch und Speck hergestellt. Das Angebot reicht von der feinen Mailänder Salami bis hin zu

den groben, hausgemachten Salamis, die sehr kräftig gewürzt sind.

Eine weitere italienische Spezialität ist die Mortadella, die meist nur auf Vorspeisentellern Platz findet.

FISCH

Italien ist zwar keine Insel, aber hat dennoch weit über 8000 km Küste. Da ist es nicht verwunderlich, daß reichlich Fisch auf der Speisekarte vorkommt. Durch die Nähe zum Meer sind in Italien überall Fische und kleinere Meerestiere frisch zu kaufen. Bei uns ist das nur in größeren Städten möglich. Vielfach muß sich der Kunde hierzulande mit Tiefkühlkost behelfen. In den Städten können Sie in guten Fachgeschäften Meeresfische kaufen, die für die italienische Küche typisch sind. Zum Beispiel Rotbarben und Brassen, Tintenfische und Kalmare. Eine wichtige Rolle spielen die Sardellen, die auch unter dem Namen Anchovis bekannt sind.

Fisch und Fleisch, Wurst und Schinken, Geflügel und alle Arten von Teigwaren, das alles kann man als den Körper der italienischen Küche ansehen. Aber das Leben wird ihm erst durch die richtigen Kräuter und Gewürze eingehaucht.

Ohne Kräuter und Gewürze schmecken die besten Speisen nicht. Darüber hinaus können Gewürze einer Speise den letzten Schliff geben, oder den einzigartigen, unverwechselbaren Geschmack, das prächtige, unvergeßliche Aroma. Generell gesagt gibt es einen deutlichen Unterschied zwischen der italienischen Art zu würzen und der deutschen. Die Italiener sind der Meinung, daß ein Gewürz ruhig deutlich zeigen soll, was es kann; ein Gewürz, das man hinterher nicht herausschmecken kann, erscheint als verschwendet.

Sie können frische oder getrocknete Kräuter verwenden, wie es Ihnen beliebt, oder wie das saisonale Angebot es möglich macht. Freilich ist es nicht schwer, sich unabhängig von der Jahreszeit zu machen. Sie können dazu ganz einfach im Tiefkühlschrank einen Vorrat an Kräutern anlegen. Oder sie ziehen einige Kräuter im Garten oder auf dem Balkon.

Typisch italienische Kräuter, die einen Hauch von Mittelmeer in die Wohnung zaubern, sind Basilikum, Oregano, Estragon, Rosmarin, Thymian, Salbei, Fenchelkraut oder Liebstöckel. Frische Kräuter kommen am besten zur Geltung, wenn sie kurz vor Ende des Garvorgangs beigegeben werden. Tiefgefrorene oder getrocknete Kräuter brauchen dagegen einen etwas längeren Anlauf.

KÄSE

Zu einem echten italienischen Menü, das einer festen Reihenfolge von Gängen folgt, gehört am Ende der passende Käse.
Der bekannteste Vertreter dürfte wohl der Parmesan sein, oder Parmigiano, wie er im Original heißt. Die meisten kennen ihn nur in der geriebenen Form zum Bestreuen von Nudelgerichten oder Pizza. Aber auch im Stück ist der Parmesan eine köstliche Speise.
In den ersten beiden Jahren ist der junge Parmigiano noch weich und mild. Mit zunehmendem Alter wird er trockener, härter und sehr würzig. Erst nach mindestens drei Jahren wird er zum Reibekäse. Ähnlich bekannt ist wohl der Gorgonzola, ein Edelpilzkäse. Je nach Alter und Herkunft kann er mild sein, aber auch sehr würzig.
Der Mozzarella wird auf jeder Pizza verwendet, behauptet aber auch seinen Platz im Salat oder mit Tomaten und Basilikum auf der Vorspeisenplatte.
Ricotta wird entweder aus Kuh- oder aus Schafsmilch erzeugt.
Weithin bekannt ist auch der Mascarpone, ein säuerlicher Frischkäse, der sehr cremig ist. Er wird in Saucen und für Desserts gebraucht. Die meisten werden ihn als Bestandteil des Tiramisu schon kennengelernt haben.
Der Bel Paese ist ein weicher Käse mit mildem Geschmack, unserem Butterkäse ähnlich.
Pecorino ist ein Hartkäse aus Schafsmilch. Wie der Parmigiano wird er gerieben verwendet. Aber wie jener schmeckt er natürlich auch am Stück. Besonders wenn er gewürzt ist, zum Beispiel mit Pfefferkörnern.

WEIN

Wein gehört zu jedem Menü. Die Auswahl an italienischen Weinen ist einfach unübersehbar. Schließlich wird wegen der günstigen klimatischen Lage fast in jeder Region Italiens Wein produziert. Vor dem Essen können Sie einen trockenen Spumante oder einen Prosecco als Aperitif servieren. Zum Essen selbst können Sie weißen oder roten Wein auftischen. Hier gelten die gleichen Regeln wie immer. Der Wein soll zur Art und zum Geschmack der Speisen passen.

Zu den "antipasti" paßt meistens Weißwein am besten. Zu hellen Saucen oder Fisch, paßt wiederum Weißwein besser, beispielsweise ein Orvieto classico oder ein Frascati. Zu dunklen und kräftig gewürzten Saucen schmeckt Rotwein besser, zum Beispiel ein Chianti classico oder ein Merlot. Bei der Auswahl der Weine können Sie sich grob an den Kennzeichnungen orientieren.

Weine mit der DOC-Klassifikation werden ständig kontrolliert und in einer vorgeschriebenen Art produziert. Weine mit der Kennzeichnung DOCG sind Spitzenweine.

Es gibt freilich noch weitere Kennzeichen guter Weine. So ist der "gallo nero", der schwarze Hahn, ein Prädikatszeichen für den Chianti classico, einen bekannten toskanischen Rotwein. Wenn er vor der Abfüllung drei Jahre Lagerung hinter sich hat, dann darf dieser Wein zusätzlich als "riserva" bezeichnet werden. Andererseits muß nicht jeder Wein schlecht sein, der ohne besondere Kennzeichnung in den Handel kommt. Beim Wein gilt wie überall: ein Kenner wird man nicht durchs Bücherlesen, sondern nur durchs Ausprobieren.

Zum krönenden Abschluß eines jeden Menüs gehört unbedingt ein Kaffee. Es kann selbstverständlich nicht jedermann eine professionelle Espressomaschine in der Küche stehen haben. Aber auch mit den kleineren Geräten kann man einen schmackhaften und kräftigen Espresso herstellen. Bei diesen einfachen Geräten für Elektroplatten oder Gasherde muß man lediglich auf das hellbraune, cremige Häubchen auf dem Espresso verzichten. Übrigens kommt für Italiener nach einem reichhaltigen Essen nur ein schlichter, schwarzer Espresso in Frage, keinesfalls ein Cappucino mit Milchschaum. Natürlich muß man dazu einen original italienischen Kaffee verwenden. Espressokaffee ist stärker geröstet als gewöhnlicher Filterkaffee, schont aber dennoch, oder gerade deswegen, den Magen.

GEBACKENE MEERES-FRÜCHTE UND GEMÜSE

FÜR 4 PERSONEN:
FÜR DEN TEIG:
200 g Mehl
1 Prise Salz
1 Prise Muskatpulver
1 TL Oregano
1 TL Basilikum
2 Eigelb
1/4 l Weißwein
2 Eiweiß
1 TL Salz
Olivenöl zum Ausbacken

AUSSERDEM:
100 g gekochte Tintenfische oder Tintenfischringe
100 g gekochtes Muschelfleisch
100 g Garnelenschwänze
je 100 g blanchierte Broccoli- und Blumenkohlröschen
100 g Auberginenwürfel
100 g Zucchiniwürfel

1. Für den Teig das Mehl mit dem Salz, dem Muskat, dem Oregano und dem Basilikum in eine Schüssel geben.
2. Das Eigelb und den Weißwein angießen, und das Ganze zu einem glatten Teig rühren.
3. Das Eiweiß mit dem Salz zu einem steifen Schnee schlagen und vorsichtig unter den Teig heben.
4. Das Öl in einem Topf erhitzen.
5. Die Tintenfische, das Muschelfleisch, die Garnelenschwänze, die Broccoliröschen, die Blumenkohlröschen, die Auberginenwürfel und die Zucchiniwürfel einzeln durch den Backteig ziehen und im schwimmenden Fett goldgelb ausbacken, herausnehmen, anrichten und servieren.

MEERESFRÜCHTESALAT

FÜR 4 PERSONEN:
100 g gekochtes Miesmuschelfleisch
100 g gekochte Tintenfische
100 g Krabben oder Crevetten
50 g grüne und schwarze Oliven
je 1/2 rote und grüne Paprikaschote
2 Tomaten, 200 g Kopfsalatherzen
1 rote Zwiebel
100 g Mozzarellawürfel

FÜR DAS DRESSING:
1/2 Tasse Tomatensaft
1/2 Tasse Aceto balsamico
1 Knoblauchzehe, 1 TL Salz
je 1/2 Bund Basilikum und Oregano
Salz, Pfeffer aus der Mühle
1/2 Tasse Olivenöl

1. Das Muschelfleisch, die Tintenfische und die Krabben oder Crevetten waschen, abtropfen lassen und in eine Schüssel geben.
2. Die grünen und schwarzen Oliven dazugeben.
3. Die Paprikaschoten waschen, gut abtropfen lassen und würfeln.
4. Die Tomaten enthäuten, entkernen und ebenfalls würfeln.
5. Die Kopfsalatherzen zerpflücken, waschen, gut abtropfen lassen und dekorativ auf vier Tellern anrichten.
6. Die Zwiebel hacken, mit den Mozzarellawürfeln, den Tomaten- und Paprikawürfeln mit den restlichen Zutaten vermischen.
7. Den Tomatensaft mit dem Aceto balsamico glattrühren, die mit Salz zerriebene Knoblauchzehe und die feingehackten Kräuter untermischen.
8. Mit Salz und Pfeffer abschmecken und das Olivenöl unterrühren.
9. Den Salat mit dem Dressing anmachen, 8-10 Minuten ziehen lassen und über die Kopfsalatherzen verteilen. Ausgarnieren und servieren.

EIERSALAT MIT LACHS

FÜR 4 PERSONEN:
125 g Langkorn- und Wildreismischung, Salzwasser
4 Frischeier
100 g jungen Spinat
100 g Eisberg- oder Bataviasalat
1 Bund Frühlingszwiebeln
100 g Kirschtomaten
200 g Räucherlachs
Kräuterzweige zum Garnieren

FÜR DAS DRESSING:
1/2 Tasse Aceto balsamico
1/2 Tasse Olivenöl
Salz, Pfeffer aus der Mühle
Saft von 1 Zitrone

1. Den Langkorn- oder Wildreis unter fließendem Wasser waschen, gut abtropfen lassen und in Salzwasser bißfest garen.
2. Herausnehmen, kalt abschrecken, abtropfen lassen und in eine Schüssel geben.
3. Die Eier 8 Minuten kochen, abschrecken, pellen und erkalten lassen. Anschließend die Eier achteln.
4. Die Spinatblätter und den Eisberg- oder Bataviasalat verlesen, waschen, gut abtropfen lassen und in mundgerechte Stücke zerpflücken.
5. Die Frühlingszwiebeln putzen, waschen und in Scheibchen schneiden.
6. Die Kirschtomaten waschen und halbieren.
7. Die Zutaten miteinander vermischen und dekorativ anrichten. Die Räucherlachsscheiben darauflegen.
8. Mit Kräuterzweigen ausgarnieren.
9. Für das Dressing den Aceto balsamico mit dem Olivenöl verrühren, mit Salz und Pfeffer würzen und mit Zitronensaft aromatisieren.
10. Den Salat gleichmäßig mit dem Dressing überziehen und servieren.

GEBRATENE AUBERGINEN

FÜR 4 PERSONEN:

2 mittelgroße Auberginen

2-3 EL Salz

Saft von 2 Zitronen

1 Tasse Mehl

2 Tassen Olivenöl

2 Knoblauchzehen

1 TL Salz

FÜR DIE SAUCE:

2 hartgekochte Eier

2 rote Zwiebeln

1/2 Tasse Aceto balsamico

1/2 Bund Oregano

1/2 Bund Basilikum

2 Tomaten

Salz, Pfeffer aus der Mühle

1 Prise Cayennepfeffer

1 Prise Zucker ▼

1. Die Auberginen putzen, waschen, in Scheiben schneiden, mit Salz bestreuen und im Kühlschrank 10-15 Minuten ziehen lassen.

2. Die Auberginenscheiben anschließend unter fließendem Wasser abwaschen, gut abtropfen lassen und mit Zitronensaft beträufeln.

3. Die Auberginenscheiben in Mehl wenden und bereitstellen.

4. Das Olivenöl in einer Pfanne erhitzen, und die mit Salz zerriebenen Knoblauchzehen kurz anschwitzen.

5. Die Auberginenscheiben im Knoblauchfett ausbacken, in eine flache Form schichten und bereitstellen.

6. Für die Sauce die Eier pellen, fein hacken und mit den geschälten und gehackten Zwiebeln in eine Schüssel geben.

7. Den Aceto balsamico mit den verlesenen, gewaschenen und feingehackten Kräutern dazugeben

und alles miteinander verrühren.

8. Die Tomaten enthäuten, entkernen, in Würfel schneiden und ebenfalls untermischen.

9. Das Ganze mit Salz, Pfeffer, Cayennepfeffer und Zucker kräftig würzen und das restliche Knoblauchöl einrühren.

10. Die Sauce gleichmäßig über die Auberginen verteilen, und das Ganze noch warm oder kalt servieren.

GEBRATENE SARDINEN

FÜR 4 PERSONEN:

20 küchenfertige Sardinen

Saft von 1 Zitrone

2-3 EL Aceto balsamico

Salz, Pfeffer aus der Mühle

1 Tasse Mehl

2 Eier

2 Tassen Semmelbrösel

1 Tasse geriebenen Parmesankäse

Öl oder Pflanzenfett zum Ausbacken

▼

1. Die Sardinen waschen, trockentupfen und in eine Schüssel geben.

2. Mit Zitronensaft und Aceto balsamico beträufeln, mit Salz und Pfeffer würzen und im Kühlschrank 10-15 Minuten ziehen lassen.

3. Anschließend die Sardinen im Mehl wenden und bereitstellen.

4. Die Eier verschlagen, die Semmelbrösel mit dem Parmesankäse vermischen und beides bereitstellen.

5. Die Sardinen zuerst durch die Eier ziehen und anschließend mit der Semmelbrösel-Käse-Panade panieren.

6. Das Öl erhitzen und die Sardinen darin goldgelb ausbacken, herausnehmen, anrichten, ausgarnieren und servieren.

EINFACHER VORSPEISENTELLER

FÜR 4 PERSONEN:

100 g italienische Salami

100 g Parmaschinken

100 g Mortadella

100 g eingelegte Artischockenherzen

100 g eingelegte Oliven

2 Tomaten

1 Stück Salatgurke

Salz, Pfeffer aus der Mühle

einige Peperoni

200 g Meeresfrüchtesalat

2 hartgekochte Eier

4 Portionen Focaccia (Brotpizza) ▼

1. Die Salami, den Parmaschinken, die Mortadella, die Artischockenherzen und die Oliven dekorativ auf einer Platte anrichten.

2. Die Tomaten und die Salatgurke waschen und in Scheiben schneiden.

3. Tomaten- und Salatgurkenscheiben zu den übrigen Zutaten geben und mit Salz und Pfeffer bestreuen.

4. Die Peperoni und den Meeresfrüchtesalat dekorativ auf dem Vorspeisenteller anrichten.

5. Die Eier pellen, achteln und ebenfalls auf den Teller legen.

6. Den Vorspeisenteller ausgarnieren und mit warmer Brotpizza servieren.

PARMASCHINKEN MIT MELONE

FÜR 4 PERSONEN:
1 Honigmelone
100 g Parmaschinken

AUSSERDEM:
4 Eigelb
2 EL mittelscharfen Senf
2-3 EL Obstessig
Saft von 1/2 Zitrone
Salz, weißen Pfeffer aus der Mühle
1 Prise Cayennepfeffer
1 Prise Zucker
1 Tasse kalt gepreßtes Olivenöl
1 Tasse gemischte gehackte Kräuter

1. Die Honigmelone halbieren und mit einem Teelöffel die Kerne herausschaben.

2. Die Melonenhälften in Schnitze schneiden.

3. Die Melonenschnitze dekorativ mit dem Parmaschinken belegen und anrichten.

4. Das Eigelb mit dem Senf, dem Obstessig und dem Zitronensaft in eine Schüssel geben und gut verschlagen.

5. Das Ganze mit Salz, Pfeffer, Cayennepfeffer und Zucker kräftig würzen.

6. Das Olivenöl tropfenweise mit dem Schneebesen unter den Schaum rühren.

7. Die gehackten Kräuter unter das Dressing rühren, nochmals abschmecken und zu den Honigmelonen mit Parmaschinken geben. Ausgarnieren und das Ganze servieren.

MOZZARELLA UND TOMATEN

FÜR 4 PERSONEN:
250 g Mozzarella, 4 große Tomaten
Salz, Pfeffer aus der Mühle
je 1/2 Bund Basilikum und Oregano
1/2 Tasse Aceto balsamico
1/2 Tasse Olivenöl
frisches Stangenweißbrot oder
Focaccia (Brotpizza) ▼

1. Den Mozzarella und die gewaschenen Tomaten in Scheiben schneiden und abwechselnd Tomatenscheibe und Mozzarellascheibe dekorativ auf vier Tellern anrichten.
2. Mit Salz und Pfeffer würzen und den gehackten Kräutern bestreuen.
3. Mit Aceto und Olivenöl beträufeln, anrichten, ausgarnieren und mit Weißbrot oder Focaccia servieren.

GORGONZOLA-CREME

FÜR 4 PERSONEN:
150 g Gorgonzola
2-3 EL Sahne, 100 g Butter
Salz, Pfeffer aus der Mühle
1 Prise Zucker
einige Tropfen Weinbrand
einige Stauden Stangensellerie oder
Zucchinischiffchen ▼

1. Den Gorgonzola in eine Schüssel geben, mit einer Gabel zerdrücken und mit der Sahne glattrühren.
2. Die Butter in einer Schüssel schaumig schlagen. Die Gorgonzola-Creme kräftig darunterrühren.
3. Mit Salz, Pfeffer, Zucker und Weinbrand abschmecken.
4. Die Gorgonzola-Creme in Stangensellerie- oder Zucchinischiffchen füllen, anrichten, ausgarnieren und servieren.

GARNELEN MIT KNOBLAUCH-KRÄUTER-ÖL

FÜR 4 PERSONEN:
400 g geschälte Garnelenschwänze
Saft von 2 Zitronen
einige Tropfen Worcestersauce
Salz, Pfeffer aus der Mühle
1/2 Tasse Olivenöl
2 Knoblauchzehen, 1 TL Salz
1 EL geriebene Zitronenschale
4 Frühlingszwiebeln
1 Karotte, 1 Stück Sellerie
1 Schuß Weißwein
je 1/2 Bund Oregano, Basilikum
und Zitronenmelisse ▼

1. Die Garnelenschwänze unter fließendem Wasser abwaschen, trockentupfen, mit Zitronensaft und Worcestersauce beträufeln, mit Salz und Pfeffer würzen.
2. Die Garnelenschwänze im Kühlschrank 10-15 Minuten ziehen lassen.
3. Das Olivenöl in einer Pfanne erhitzen und die geschälten und mit Salz zerriebenen Knoblauchzehen darin anschwitzen.
4. Die Garnelenschwänze im Knoblauchfett garen, herausnehmen und warm stellen.
5. Die Zitronenschale und die geputzten und in Streifen geschnittenen Frühlingszwiebeln mit dem geputzten und fein gewürfelten Gemüse ins verbliebene Bratfett geben und kurz anschwitzen.
6. Mit Weißwein ablöschen und das Gemüse bißfest dünsten.
7. Die Garnelen mit den feingehackten Kräutern unter die Sauce heben, nochmals erhitzen und mit Zitronensaft, Worcestersauce, Salz und Pfeffer abschmecken.
8. Die Garnelen mit der Sauce anrichten, ausgarnieren und servieren.

BAUERNSALAT MIT POCHIERTEM EI

FÜR 4 PERSONEN:
je 100 g Eisberg- Frisée- und
Radicchiosalat
Salz, Pfeffer aus der Mühle
1/2 Tasse Aceto balsamico
1/2 Tasse Olivenöl

AUSSERDEM:
2-3 EL Olivenöl
50 g durchw. geräucherten Speck
1 Zwiebel, 1 kleine Stange Lauch
1 Knoblauchzehe, 1 Schuß Weißwein
1 Tasse Gemüsebrühe
8 Frischeier, Essigwasser
Kräuterzweige zum Garnieren ▼

1. Die Blattsalate verlesen, waschen, gut abtropfen lassen und in mundgerechte Stücke zerpflücken.
2. Die Blattsalate auf vier Tellern dekorativ anrichten, mit Salz und Pfeffer würzen.
3. Den Aceto balsamico und das Öl gleichmäßig darüberträufeln.
4. Das Olivenöl in einer Pfanne erhitzen, und den in feine Würfel geschnittenen Speck darin auslassen.
5. Die feingehackte Zwiebel, den geputzten und in Streifen geschnittenen Lauch und die geschälte und gehackte Knoblauchzehe zum Speck geben und kurz mitschwitzen.
6. Mit Weißwein ablöschen und mit der Gemüsebrühe auffüllen. Bei mäßiger Hitze 4-5 Minuten köcheln lassen und bereitstellen.
7. Die Frischeier im Essigwasser pochieren, herausnehmen und gut abtropfen lassen.
8. Das warme Dressing gleichmäßig auf dem Salat verteilen, die pochierten Eier darauflegen, mit Kräuterzweigen ausgarnieren und servieren.

RAVIOLI MATRICIANA

FÜR 4 PERSONEN:

400 g Ravioli mit Spinatfüllung
Salzwasser
2-3 EL Olivenöl

FÜR DIE SAUCE:

1-2 EL Olivenöl
2 Knoblauchzehen
1 TL Salz
1 Zwiebel
100 g gekochten Schinken
1-2 EL Tomatenmark
4-6 große Tomaten
1 Schuß Weißwein
2 Tassen Gemüsebrühe
1/2 Becher Sahne
1/2 Bund Oregano
1/2 Bund Basilikum
Salz, Pfeffer aus der Mühle ▼

1. Die Ravioli in kochendes Salzwasser geben, das Olivenöl unterrühren und die Ravioli bißfest garen.
2. Für die Sauce das Olivenöl in einem Topf erhitzen, und die geschälten und mit Salz zerriebenen Knoblauchzehen darin anschwitzen.
3. Die feingehackte Zwiebel dazugeben und kurz mitschwitzen.
4. Den Schinken in Streifen schneiden, zur Zwiebel geben und ebenfalls kurz mitschwitzen.
5. Das Tomatenmark unterrühren, die enthäuteten, entkernten und gewürfelten Tomaten dazugeben.
6. Das Ganze mit Weißwein ablöschen und mit der Gemüsebrühe und der Sahne auffüllen.
7. Bei mäßiger Hitze kurz einreduzieren lassen, und die feingehackten Kräuter untermischen.
8. Die Sauce mit Salz und Pfeffer kräftig würzen. Die Ravioli anrichten, mit der Sauce überziehen, ausgarnieren und servieren.

TORTELLINI ALLA TOSCANA

FÜR 4 PERSONEN:

400 g Tortellini mit Fleischfüllung
2-3 EL Olivenöl

FÜR DIE SAUCE:

1-2 EL Olivenöl
200 g gekochtes Kalbsbries
Mehl zum Bestauben
1 Zwiebel
100 g frische Champignons
Saft von 1 Zitrone
1 Schuß Weißwein
2 Tassen Gemüse- oder Fleischbrühe
1/2 Becher Sahne
50 g geriebenen Parmesankäse
Salz, Pfeffer aus der Mühle
1 Prise Cayennepfeffer
einige Tropfen Zitronensaft
1 Prise Zucker
1 Bund Schnittlauch ▼

1. Die Tortellini im Salzwasser mit dem Olivenöl bißfest garen, herausnehmen, gut abtropfen lassen und warm stellen.
2. Für die Sauce das Olivenöl in einer Pfanne erhitzen. Das Kalbsbries in Würfel schneiden, mit Mehl bestauben und im Öl kurz braten, herausnehmen und warm stellen.
3. Die Zwiebel schälen, fein hacken, ins verbliebene Bratfett geben und glasig schwitzen.
4. Die Champignons putzen, in Scheiben schneiden, mit Zitronensaft beträufeln, zur Zwiebel geben und kurz mitschwitzen.
5. Mit Weißwein ablöschen und mit der Gemüse- oder Fleischbrühe und der Sahne auffüllen.
6. Die Sauce kurz einreduzieren lassen, den Parmesankäse untermischen.

7. Das Ganze mit Salz, Pfeffer, Cayennepfeffer, Zitronensaft und Zucker kräftig abschmecken.
8. Das Kalbsbries in die Sauce geben, nochmals erhitzen, aber nicht mehr kochen lassen.
9. Die Tortellini anrichten, mit der Sauce überziehen, mit frisch geschnittenem Schnittlauch bestreuen, ausgarnieren und servieren.

HAUSGEMACHTE NUDELN

FÜR 4 PERSONEN:

400 g feines Weizenmehl
4 Eier, 1 TL Salz
1 Msp. Muskatpulver
1-2 EL kalt gepreßtes Olivenöl ▼

1. Das Weizenmehl auf eine Arbeitsfläche sieben und eine Mulde eindrücken.
2. Die Eier in die Mulde geben und mit Salz und Muskat bestreuen.
3. Das Olivenöl tropfenweise darübergeben und das Ganze mit bemehlten Händen von außen nach innen zu einem glatten, kompakten Teig kneten.
4. Den Teig zugedeckt mindestens 1/2 Stunde ruhen lassen.
5. Anschließend den Teig mit Hilfe einer Nudelmaschine dünn ausrollen und zu der entsprechenden Nudelform verarbeiten.
6. Das Salzwasser erhitzen und die Nudeln darin je nach Größe und Dicke bißfest garen.
7. Anschließend die Nudeln abgießen, unter kaltem Wasser abschrecken und auf ein sauberes Küchentuch zum Abtrocknen legen. Anschließend zur weiteren Verarbeitung bereitstellen.

RAVIOLI MIT MORCHELSAUCE

FÜR 4 PERSONEN:
400 g Ravioli mit Spinatfüllung
Salzwasser
1-2 EL Olivenöl

FÜR DIE SAUCE:
2-3 EL Butter oder Margarine
1 Zwiebel, 1 rote Paprikaschote
250 g Eiertomaten
100 g eingeweichte Morcheln
2 Tassen Bratensaft
4 cl Weinbrand
Salz, Pfeffer aus der Mühle
1 Prise Zucker
1 Prise Cayennepfeffer
1/2 Bund Salbei
1-2 EL Butter
100 g geröstete
Sonnenblumenkerne ▼

1. Die Ravioli im Salzwasser mit dem Olivenöl bißfest garen, herausnehmen, abtropfen lassen, warm stellen.
2. Für die Sauce die Butter oder Margarine in einer Pfanne erhitzen und die geschälte und feingehackte Zwiebel darin glasig schwitzen.
3. Die Paprikaschote halbieren, entkernen, würfeln, zur Zwiebel geben und kurz mitschwitzen.
4. Die Eiertomaten fein würfeln, mit den gut abgetropften und kleingeschnittenen Morcheln zum Gemüse geben und kurz mitschwitzen.
5. Den Bratensaft angießen, und die Sauce bei mäßiger Hitze 4-5 Minuten köcheln lassen.
6. Mit Weinbrand aromatisieren, mit Salz, Pfeffer, Zucker und Cayennepfeffer kräftig würzen.
7. Die Salbeiblätter in der Butter oder Margarine kurz anschmelzen.
8. Die Ravioli anrichten, mit der Sauce überziehen, die Salbeiblätter daraufgeben und mit den Sonnenblumenkernen bestreuen, ausgarnieren und servieren.

PASTA ITALIANA

FÜR 4 PERSONEN:
400 g Hartweizengrießnudeln
Salzwasser
2-3 EL Olivenöl ▼

1. Die Hartweizengrießnudeln bereitstellen. Das Salzwasser mit dem Olivenöl in einen Topf geben und zum Kochen bringen.
2. Die Nudeln in das kochende Wasser geben und je nach Größe der Nudeln bißfest garen.
3. Die Hartweizengrießnudeln aus dem kochenden Wasser nehmen, gut abtropfen lassen, in einen flachen Topf oder in eine Pfanne geben, mit etwas Olivenöl beträufeln und kurz abdämpfen.
4. Die Nudeln zum weiteren Verzehr bereitstellen.

MACCHARONI MIT ZUCCHINI

FÜR 4 PERSONEN:
400 g Maccharoni
2-3 EL Olivenöl

FÜR DIE SAUCE:
1-2 EL Olivenöl
1 Knoblauchzehe, 1 TL Salz
1 Zwiebel, 1 Karotte
1 Stück Staudensellerie
1 Schuß Weißwein
1 Tasse Gemüsebrühe
2 Zucchini, 1 Becher Sahne
2 Tomaten
1/2 Bund Oregano
1/2 Bund Basilikum
Salz, Pfeffer aus der Mühle
1 Prise Cayennepfeffer
1 Prise Zucker
75 g geriebenen Parmesankäse ▼

1. Die Maccharoni im Salzwasser mit dem Öl bißfest garen, herausnehmen, abtropfen lassen, warm stellen.
2. Das Öl mit der mit Salz zerriebenen Knoblauchzehe erhitzen.
3. Die Zwiebel, die Karotte und den Staudensellerie putzen, fein würfeln, im Knoblauchfett glasig schwitzen.
4. Mit Weißwein ablöschen und mit der Gemüsebrühe auffüllen. Bei mäßiger Hitze 4-5 Minuten kochen.
5. Die Zucchini halbieren, in Scheiben schneiden, zum Gemüse geben und 3-4 Minuten köcheln lassen.
6. Die Sahne angießen und die enthäuteten und gewürfelten Tomaten untermischen, einreduzieren lassen.
7. Die feingehackten Kräuter untermischen. Das Ganze mit Salz, Pfeffer, Cayennepfeffer und Zucker würzen.
8. Den Parmesan untermischen. Die Maccharoni anrichten, mit der Sauce überziehen, ausgarnieren, servieren.

RIGATONI DELLO CHEF

FÜR 4 PERSONEN:
400 g Rigatoni
2-3 EL Olivenöl

FÜR DIE SAUCE:
2-3 EL Olivenöl, 1 Zwiebel
100 g gekochten Schinken
100 g frische Champignons
Saft von 1 Zitrone
1 Schuß Weißwein
100 g grüne Erbsen (TK-Produkt)
1 Tasse Gemüse- oder Fleischbrühe
1 Becher Sahne
100 g geriebenen Parmesankäse
je 1/2 Bund Oregano und Basilikum
Salz, Pfeffer aus der Mühle
1 Prise Cayennepfeffer
1 Prise Muskat ▼

1. Die Rigatoni mit dem Olivenöl bißfest garen, herausnehmen, gut abtropfen lassen und warm stellen.
2. Das Öl erhitzen, die feingehackte Zwiebel darin glasig schwitzen.
3. Den Schinken in feine Streifen schneiden, zur Zwiebel geben und kurz mitschwitzen.
4. Die Champignons in Scheiben schneiden, mit Zitronensaft beträufeln, zum Schinken geben und glasig schwitzen.
5. Mit Weißwein ablöschen und bei mäßiger Hitze kurz dünsten.
6. Die Erbsen dazugeben, die Brühe angießen, 5 Minuten köcheln lassen.
7. Die Sahne und den Parmesankäse unter die Sauce rühren und 2-3 Minuten kräftig kochen lassen.
8. Die feingehackten Kräuter untermischen, mit Salz, Pfeffer, Cayennepfeffer und Muskat abschmecken.
9. Die Rigatoni zur Sauce geben, das Ganze einmal durchschwenken, nochmals abschmecken, anrichten, ausgarnieren und servieren.

PEPERONATA AUF VOLLKORNSPAGHETTI

FÜR 4 PERSONEN:
2-3 EL Olivenöl
2 Knoblauchzehen
1 TL Salz, 2 Zwiebeln
je 1 rote und grüne Paprikaschote
1 Aubergine, 2 EL Salz
1 Zucchino, 100 g Champignons
100 g Champignon
Saft von 1 Zitrone
1 Schuß Weißwein
1 große Dose geschälte Tomaten
1 Tasse Gemüsebrühe
je 1/2 Bund Oregano und Basilikum
Salz, Pfeffer aus der Mühle
1 Prise Cayennepfeffer
400 g bißfest gegarte Spaghetti
1 Bund Schnittlauch
1 Tasse ger. Parmesankäse ▼

1. Das Olivenöl erhitzen und die geschälten und mit Salz zerriebenen Knoblauchzehen darin anschwitzen.
2. Die Zwiebeln und die Paprikaschoten putzen, würfeln, ins Knoblauchfett geben und glasig schwitzen.
3. Die Aubergine waschen, fein würfeln, mit Salz bestreuen, 10 Minuten ziehen lassen, waschen, zum Gemüse geben und 4-5 Minuten mitgaren.
4. Die Zucchino und die Champignons in dünne Scheiben schneiden, beides mit Zitronensaft beträufeln, zum Gemüse geben, mitschwitzen.
5. Mit Weißwein ablöschen, mit den Tomaten und der Brühe auffüllen.
6. Bei mäßiger Hitze 6-8 Minuten köcheln lassen.
7. Die Kräuter untermischen, mit Salz, Pfeffer und Cayennepfeffer abschmecken, die Spaghetti dazugeben, durchschwenken, anrichten, mit Schnittlauch und Parmesan bestreuen, ausgarnieren und servieren.

FETTUCINE MIT BUTTER

FÜR 4 PERSONEN:
400 g Fettucine
Salzwaser
2-3 EL Olivenöl

FÜR DIE SAUCE:
200 g Butter
2 Zwiebeln
125 g geriebenen Parmesankäse
Salz, weißen Pfeffer aus der Mühle
einige Tropfen Zitronensaft ▼

1. Die Fettucine mit dem Salzwasser und dem Olivenöl bißfest garen, herausnehmen, gut abtropfen lassen und warm stellen.
2. Die Butter in einem großen Topf erhitzen, und die geschälten und feingehackten Zwiebeln darin glasig schwitzen.
3. Die Fettucine mit dem geriebenen Parmesankäse in die Zwiebelbutter geben und kurz durchschwenken.
4. Das Ganze mit Salz, weißem Pfeffer und Zitronensaft abschmecken, die Fettucine anrichten, ausgarnieren und servieren.

TAGLIATELLE MIT TOMATEN

FÜR 4 PERSONEN:
400 g Tagliatelle
Salzwaser
2-3 EL Olivenöl

FÜR DIE SAUCE:
2-3 EL Olivenöl
2 Knoblauchzehen
1 TL Salz
2 Zwiebeln
8 Tomaten
1 Tasse Gemüsebrühe
1 Bund Basilikum
Salz, Pfeffer aus der Mühle
1 Prise Cayennepfeffer
1 Prise Zucker
125 g geriebenen Parmesankäse ▼

1. Die Tagliatelle mit dem Salzwasser und dem Olivenöl bißfest garen, herausnehmen, gut abtropfen lassen und warm stellen.
2. Für die Sauce das Olivenöl mit den mit Salz zerriebenen Knoblauchzehen in einem Topf erhitzen.
3. Die Zwiebeln schälen, hacken, ins Knoblauchfett geben und glasig schwitzen.
4. Die Tomaten enthäuten, entkernen, würfeln, zu den Zwiebeln geben und kurz mitschwitzen.
5. Die Gemüsebrühe angießen und das Ganze bei mäßiger Hitze 2-3 Minuten köcheln lassen.
6. Das verlesene, gewaschene und feingehackte Basilikum untermischen. Mit Salz, Pfeffer, Cayennepfeffer und Zucker abschmecken.
7. Die Tagliatelle zur Sauce geben, kurz durchschwenken und erhitzen, nochmals abschmecken, anrichten und mit Parmesankäse bestreut servieren.

TAGLIATELLE VERDE MIT VIER-KÄSE-SAUCE

FÜR 4 PERSONEN:
400 g Tagliatelle verde
Salzwasser
2-3 EL Olivenöl

FÜR DIE SAUCE:
2 EL Olivenöl, 1 Zwiebel
1 Tasse Gemüsebrühe
1/4 l Sahne
50 g Gorgonzola
50 g Pecorino
50 g Parmesankäse
50 g Mozzarella
Salz, Pfeffer aus der Mühle
1 Prise Cayennepfeffer
1 Prise Muskat
1/2 Bund Petersilie
1/2 Bund Schnittlauch ▼

1. Die Tagliatelle verde mit dem Salzwasser und dem Olivenöl bißfest garen, herausnehmen, gut abtropfen lassen und warm stellen.
2. Für die Sauce das Olivenöl in einem Topf erhitzen und die feingehackte Zwiebel darin glasig schwitzen.
3. Die Gemüsebrühe und die Sahne angießen und einreduzieren lassen.
4. Den Gorgonzola, den Pecorino, den Parmesankäse und den Mozzarellakäse fein reiben und unter die Sauce rühren.
5. Das Ganze mit Salz, Pfeffer, Cayennepfeffer und Muskat abschmekken, die Tagliatelle verde dazugeben und kurz durchschwenken.
6. Die Tagliatelle nochmals abschmecken, anrichten und mit den verlesenen, gewaschenen und feingehackten bzw. geschnittenen Kräutern bestreuen, ausgarnieren und servieren.

BANDNUDELN MIT GRÜNEM SPARGEL

FÜR 4 PERSONEN:

600 g grünen Spargel
1/2 l Gemüsebrühe
Saft von 1 Zitrone, 1 Zitronenhälfte
1 Glas Weißwein
Salz, Pfeffer aus der Mühle
1 Prise Zucker, 2 EL Butter

AUSSERDEM:

2-3 EL Olivenöl
200 g gekochten Schinken
1 Zwiebel
1 Becher Sahne, 1 Prise Muskat
1 Tasse geriebenen Parmesankäse
600 g bißfest gegarte Bandnudeln

1. Den grünen Spargel putzen, in mundgerechte Stücke schneiden und bereitstellen.

2. Die Gemüsebrühe mit dem Zitronensaft, der Zitronenhälfte und dem Weißwein in einen Topf geben und zum Kochen bringen.

3. Mit Salz, Pfeffer und Zucker kräftig würzen und die Butter in den Sud geben.

4. Das Ganze erhitzen und den Spargel darin bißfest garen, herausnehmen und gut abtropfen lassen.

5. Für die Sauce das Olivenöl in einer Pfanne erhitzen und den in feine Streifen oder Würfel geschnittenen Schinken sowie die feingehackte Zwiebel darin kurz glasig schwitzen.

6. 1 1/2 Tassen Spargelfond und die Sahne angießen und kräftig einreduzieren lassen.

7. Das Ganze mit Salz, Pfeffer, Zucker und Muskat kräftig würzen.

8. Den Parmesankäse und die Bandnudeln unter die Sauce heben, den Spargel dazugeben, das Ganze nochmals erhitzen, abschmecken, anrichten, ausgarnieren und servieren.

LASAGNE MIT MEERESFRÜCHTEN

FÜR 4 PERSONEN:
500 g küchenfertiges Fischfilet
(Kabeljau, Rotbarsch oder Seehecht)
250 g Krabben oder Crevetten
Saft von 1 Zitrone
einige Tropfen Obstessig
Salz, Pfeffer aus der Mühle
1 Tasse gemischte gehackte Kräuter
2-3 EL Olivenöl
3 Knoblauchzehen, 1 TL Salz
2 Bund Frühlingszwiebeln
6-8 Tomaten

AUSSERDEM:
1/2 l (2 Pck.) Les Sauces Béchamel
200 g gebrauchsfertige oder
600 g gekochte Lasagneplatten
75 g geriebenen Parmesankäse ▼

1. Die küchenfertigen Fischfilets und die Krabben oder Crevetten unter fließendem Wasser waschen, trockentupfen und das Fischfilet in mundgerechte Würfel schneiden.
2. Beides mit Zitronensaft und Obstessig beträufeln, mit Salz und Pfeffer würfeln, und die gemischten gehackten Kräuter unter die Meeresfrüchte heben.
3. Das Olivenöl in einer Pfanne erhitzen, und die mit Salz zerriebenen Knoblauchzehen darin anschwitzen.
4. Die Frühlingszwiebeln putzen, in feine Streifen schneiden, ins Knoblauchfett geben und glasig schwitzen.
5. Die Tomaten enthäuten, entkernen, in Würfel schneiden und mit den Meeresfrüchten zu den Frühlingszwiebeln geben.
6. Mit Salz, Pfeffer, Obstessig und Zitronensaft würzen und bei mäßiger Hitze 4-5 Minuten dünsten.
7. Die Béchamelsauce bereitstellen.

Etwas Sauce in eine Auflaufform geben und schichtweise nun Lasagneplatten, Meeresfrüchte und Béchamelsauce in die Form füllen.
8. Das Ganze mit geriebenem Parmesankäse bestreuen und im auf 180-200°C vorgeheizten Backofen 10-15 Minuten backen.
9. Die Lasagne mit Meeresfrüchten anrichten, ausgarnieren und servieren.

GRUNDSAUCE BÉCHAMEL

FÜR 4 PERSONEN:
50 g Butter oder Margarine
50 g Mehl
3/8 l Milch
1/8 l Sahne
Salz, weißen Pfeffer aus der Mühle
1 Prise Muskatpulver
1 Prise Cayennepfeffer
einige Tropfen Zitronensaft
einige Tropfen Worcestersauce
50 g geriebenen Parmesankäse ▼

1. Die Butter oder Margarine in einem Topf erhitzen, und das Mehl mit dem Schneebesen einrühren.
2. Die Milch und die Sahne miteinander vermischen und kalt mit dem Schneebesen unter die Mehlbutter rühren.
3. Die Sauce unter ständigem Rühren bei mäßiger Hitze 6-8 Minuten auskochen lassen.
4. Anschließend die Sauce durch ein Sieb passieren, nochmals erhitzen, mit Salz, weißem Pfeffer, Muskat, Cayennepfeffer, Zitronensaft und Worcestersauce kräftig abschmecken.
5. Den geriebenen Parmesankäse untermischen, nochmals würzen und zum weiteren Verzehr bereitstellen.

GRUNDSAUCE BOLOGNESE

FÜR 4 PERSONEN:
2-3 EL Olivenöl
400 g gemischtes Hackfleisch
2 Knoblauchzehen
1 TL Salz
1 Zwiebel
1 Karotte
1 Stück Sellerie
1 Stück Lauch
2-3 EL Mehl
1 Schuß Rotwein
1 große Dose geschälte Tomaten
1 EL Oregano
1 TL Basilikum
Salz, Pfeffer aus der Mühle
1 Prise Cayennepfeffer
1 Bund Schnittlauch ▼

1. Das Olivenöl in einer Pfanne erhitzen und das Hackfleisch darin rundherum Farbe annehmen lassen.
2. Die Knoblauchzehen schälen, mit Salz zu einer Paste zerreiben, zum Fleisch geben und kurz mitschwitzen.
3. Die Zwiebel, die Karotte, den Sellerie und den Lauch putzen, waschen, in feine Würfel schneiden, zum Fleisch geben und ebenfalls kurz mitschwitzen.
4. Mit Mehl bestauben, mit Rotwein ablöschen und mit den geschälten Tomaten auffüllen.
5. Mit Oregano, Basilikum, Salz, Pfeffer und Cayennepfeffer kräftig würzen und das Ganze bei mäßiger Hitze 20-25 Minuten köcheln lassen.
6. Nach Ende der Garzeit nochmals abschmecken, mit frisch geschnittenem Schnittlauch verfeinern und zum weiteren Gebrauch bereitstellen.

LASAGNE DELLO CHEF

FÜR 4 PERSONEN:
2 Zucchini
4 Tomaten
Salz, Pfeffer aus der Mühle
1 Bund Schnittlauch
200 g Mozzarellakäse
50 g geriebenen Parmesankäse
200 g gebrauchsfertige oder
600 g gekochte Lasagneplatten
1/2 l Béchamelsauce
1/2 l Sauce Bolognese ▼

1. Die Zucchini putzen, waschen, halbieren und in Scheiben schneiden.
2. Die Tomaten ebenfalls waschen, den Strunk herausschneiden, und die Tomaten in Scheiben schneiden.
3. Zucchini und Tomaten mit Salz und Pfeffer würzen und mit dem frisch geschnittenen Schnittlauch bestreuen.
4. Den Mozzarellakäse in Scheiben schneiden. Den Parmesankäse bereitstellen.
5. Etwas Béchamelsauce und Bolognesesauce auf den Boden einer Auflaufform geben und nun schichtweise Lasagneplatten, Zucchinischeiben, Tomatenscheiben, Mozzarellakäse, Béchamelsauce und Bolognese einfüllen.
6. Das Ganze mit dem Parmesankäse bestreuen, die restlichen Béchamelsauce und Bolognesesauce gleichmäßig darauf verteilen und im auf 180-200°C vorgeheizten Backofen 10-15 Minuten backen.
7. Die Lasagne dello Chef herausnehmen, anrichten, ausgarnieren und servieren.

SCHNELLE LASAGNE

FÜR 4 PERSONEN:
100 g gekochten Schinken
50 g Mailänder Salami
50 g entsteinte Oliven
100 g eingelegte Artischockenherzen
1/4 l Tomatensauce
1/4 l Béchamelsauce
Salz, Pfeffer aus der Mühle
1 Tasse gemischte gehackte Kräuter
200 g gebrauchsfertige oder
600 g gekochte Lasagneplatten
200 g Mozzarellakäse
75 g geriebenen Parmesankäse
Kräuterzweige zum Garnieren ▼

1. Den Schinken und die Salami in hauchdünne Scheiben schneiden. Die Oliven ebenfalls in Scheiben schneiden.
2. Die Artischockenherzen je nach Größe vierteln oder achteln.
3. Die Tomatensauce bereitstellen, und die Béchamelsauce mit Salz und Pfeffer würzen und mit den gehackten Kräutern verfeinern.
4. Etwas Tomatensauce auf den Boden einer feuerfesten Auflaufform geben, und nun schichtweise die Lasagneplatten und die Zutaten mit der Béchamelsauce in die Form füllen.
5. Das Ganze mit dem in Scheiben geschnittenen Mozzarellakäse belegen und mit Parmesankäse bestreuen.
6. Im auf 180-200°C vorgeheizten Backofen 10-15 Minuten backen, herausnehmen, anrichten und mit Kräuterzweigen garnieren.

LASAGNE MIT PILZEN

FÜR 4 PERSONEN:
2-3 EL Olivenöl, 1 Zwiebel
150 g Staudensellerie
500 g gemischte frische Pilze
Saft von 1 Zitrone
1 Schuß Weißwein
Salz, Pfeffer aus der Mühle
1 Prise Muskat, 1 Prise Zucker
1 Prise Cayennepfeffer
200 g Frühstücksspeck

AUSSERDEM:
300 g geriebenen Pecorinokäse
200 g gebrauchsfertige oder
600 g gekochte Lasagneplatten
1/2 l Les Sauces Béchamel ▼

1. Das Olivenöl in einer Pfanne erhitzen und die geschälte und gehackte Zwiebel glasig schwitzen.
2. Den geputzten Staudensellerie in feine Scheiben schneiden, zur Zwiebel geben und kurz mitschwitzen.
3. Die Pilze kleinschneiden, mit Zitronensaft beträufeln, zum Gemüse geben und kurz mitschwitzen.
4. Mit Weißwein ablöschen, mit Salz, Pfeffer, Muskat, Cayennepfeffer und Zucker kräftig abschmecken und das Ganze 4-5 Minuten köcheln lassen, vom Feuer nehmen und bereitstellen.
5. Den Frühstücksspeck in einer Pfanne braten und bereitstellen.
6. Ein Drittel des Pecorinokäses abnehmen und auf die Seite stellen.
7. Die Lasagneplatten mit den Pilzen, den Speckscheiben, dem Käse und der Béchamelsauce schichtweise in eine ausgefettete feuerfeste Lasagneform füllen.
8. Den restlichen Käse darüberstreuen und das Ganze im auf 180-200°C vorgeheizten Backofen 10-15 Minuten backen, herausnehmen, anrichten, ausgarnieren und servieren.

LASAGNE GÄRTNERIN ART

FÜR 4 PERSONEN:
2 EL Olivenöl, 1 Knoblauchzehe
1 TL Salz, 1 Zwiebel
100 g gekochten Schinken
je 100 g Blumenkohl- und
Broccoliröschen, Karottenscheiben,
Spargelabschnitte und frische
Champignons
Saft von 1 Zitrone
Gemüsebrühe zum Blanchieren

AUSSERDEM:
1/2 l Béchamelsauce
200 g gebrauchsfertige oder
600 g gekochte Lasagneplatten
200 g Mozzarellakäse
1 Tasse gem. gehackte Kräuter ▲

1. Das Olivenöl in einer Pfanne erhitzen, und die geschälte und mit Salz zerriebene Knoblauchzehe darin anschwitzen.
2. Die Zwiebel schälen, fein hacken, ins Knoblauchfett geben und glasig schwitzen.
3. Den Schinken in feine Würfel oder Streifen schneiden, zu den Zwiebeln geben und kurz mitschwitzen.
4. Die Blumenkohlröschen, die Broccoliröschen, die Karottenscheiben und die Spargelabschnitte unter fließendem Wasser abwaschen, gut abtropfen lassen, die Champignons putzen, halbieren, mit Zitronensaft beträufeln und das Gemüse bereitstellen.
5. Die Gemüsebrühe erhitzen und je nach Garstadium das Gemüse darin bißfest garen, herausnehmen und gut abtropfen lassen.

6. Das Gemüse zu den Schinkenzwiebeln geben und einmal kurz durchschwenken.
7. Den Boden einer Auflaufform mit etwas Béchamelsauce überziehen, und nun schichtweise Lasagneplatten, Gemüse und Béchamelsauce einfüllen.
8. Den Mozzarellakäse in Scheiben schneiden, gleichmäßig auf der Lasagne verteilen und das Ganze im auf 180-200°C vorgeheizten Backofen 10-15 Minuten backen.
9. Die Lasagne herausnehmen, anrichten und mit frisch gehackten Kräutern bestreut servieren.

GEFLÜGEL-LASAGNE

FÜR 4 PERSONEN:
400 g gekochtes oder gebratenes
Hähnchenbrustfilet
2 EL Olivenöl
50 g durchwachsenen geräucherten
Speck, 1 Zwiebel
100 g frische Champignons
Saft von 1 Zitrone
Salz, Pfeffer aus der Mühle
1 Prise Muskat, 1 TL Thymian
1 Becher saure Sahne
50 g geriebenen Pecorinokäse
1/2 Bund Zitronenmelisse

AUSSERDEM:
200 g gebrauchsfertige oder
600 g gekochte Lasagneplatten
1/2 l Béchamelsauce
200 g Mozzarellakäse
Kräuterzweige zum Garnieren ▼

1. Das Hähnchenbrustfilet würfeln,
das Öl in einer Pfanne erhitzen, den
gewürfelten Speck darin auslassen.
2. Die Zwiebel schälen, hacken, zum
Speck geben und kurz mitschwitzen.
3. Die Champignons in Scheiben
schneiden, mit Zitronensaft beträufeln, mit dem Hähnchen anschwitzen.
4. Das Ganze mit Salz, Pfeffer, Muskat und Thymian würzen. Die saure
Sahne, den Käse und die gehackte
Zitronenmelisse untermischen.
5. Vom Feuer nehmen, bereitstellen.
6. Die Lasagneplatten mit der
Béchamelsauce und der Hähn-
chenmischung schichtweise in eine
ausgefettete Lasagneform füllen.
7. Den Mozzarellakäse in Scheiben
schneiden, und die Lasagne damit
abdecken. Im auf 180-200°C
vorgeheizten Backofen 10-15 Minuten backen, herausnehmen,
anrichten und mit Kräuterzweigen
garniert servieren.

GEMÜSE-LASAGNE

FÜR 4 PERSONEN:
4 Tomaten, 1 Zucchino
100 g frische Champignons
Saft von 1 Zitrone
je 1 rote und grüne Paprikaschote
1-2 EL Olivenöl
2 Knoblauchzehen
1 TL Kräuter der Provence
1 Schuß Weißwein
Salz, Pfeffer aus der Mühle
1 TL Salz, 1 Prise Muskat
1 Prise Cayennepfeffer
200 g gebrauchsfertige oder
600 g gekochte Lasagneplatten
1/2 l Béchamelsauce
200 g Mozzarellakäse ▼

1. Die Tomaten und den Zucchino
putzen und in Scheiben schneiden.
2. Die Champignons putzen,
waschen, in Scheiben schneiden und
mit Zitronensaft beträufeln.
3. Die Paprikaschoten halbieren,
entkernen und in Streifen schneiden.
4. Das Olivenöl in einer Pfanne erhitzen, und die mit Salz zerriebenen
Knoblauchzehen darin anschwitzen.
5. Die Paprikaschoten dazugeben
und bei mäßiger Hitze kurz dünsten.
6. Mit Kräutern der Provence, einem
Schuß Weißwein, Salz, Pfeffer,
Muskat und Cayennepfeffer würzen.
7. Die Tomaten, die Zucchinischeiben
und das Champignongemüse mit den
Lasagneplatten und der Béchamelsauce schichtweise in eine ausgefettete Lasagneform füllen. Jede
Schicht mit Salz und Pfeffer, Muskat
und Cayennepfeffer würzen.
8. Den Mozzarellakäse in Scheiben
schneiden, die Lasagne damit abdek-
ken und im auf 180-200°C vorgeheizten Backofen 10-15 Minuten
backen. Die Lasagne herausnehmen,
ausgarnieren und servieren.

GRÜNE LASAGNE

FÜR 4 PERSONEN:
1 kg frischen Spinat
2-3 EL Olivenöl
2-3 Knoblauchzehen
1 TL Salz, 1 Zwiebel
1 Schuß Weißwein
Salz, Pfeffer aus der Mühle
1 Prise Cayennepfeffer
1 Prise Muskatpulver
1 Tasse frische gehackte Kräuter

AUSSERDEM:
6-8 Tomaten
250 g geriebenen Schafskäse
200 g gebrauchsfertige oder
600 g gekochte grüne
Lasagneplatten
1/2 l Les Sauces Béchamel ▼

1. Den Spinat waschen, abtropfen
lassen und in Stücke zerpflücken.
2. Das Öl in einer Pfanne erhitzen
und die mit Salz zerriebenen Knoblauchzehen darin glasig schwitzen.
3. Die Zwiebel hacken, ins Knoblauchfett geben und mitschwitzen.
4. Den Spinat anschwitzen, mit Wein
ablöschen, mit Salz, Pfeffer, Cayennepfeffer und Muskat würzen.
5. Bei mäßiger Hitze 4-5 Minuten
dünsten, die Kräuter untermischen.
6. Die Tomaten waschen, den Strunk
ausschneiden, in Scheiben schneiden.
7. Ein Drittel des Schafskäses
abnehmen und bereitstellen.
8. Die Lasagneplatten mit dem
Spinat, den Tomaten und dem
Schafskäse sowie der Béchamelsauc
schichtweise in eine ausgefettete
Lasagneform füllen.
9. Den restlichen Käse darüber v
teilen, im auf 180-200°C vorgeh
ten Backofen 10-15 Minuten ba
herausnehmen, anrichten,
ausgarnieren und servieren.

CANNELLONI MIT LEBERFÜLLUNG

FÜR 4 PERSONEN:

200 g Kalbsleber
2-3 EL Olivenöl
1 Zwiebel, 1 Karotte
1 Stück Staudensellerie
1 Schuß Weißwein
200 g gemischtes Hackfleisch
Salz, Pfeffer aus der Mühle
1 Prise Cayennepfeffer
1 TL Salbei, 1 TL Maggikraut
100 g geriebenes Weißbrot
2 Eier, 50 g geriebenen Pecorino

AUSSERDEM:

200 g gebrauchsfertige oder
600 g blanchierte
Cannelloniröhrchen
1/4 l Béchamelsauce
1/4 l Tomatensauce
200 g Mozzarellakäse ▼

1. Die küchenfertige Kalbsleber in feine Würfel schneiden, waschen und abtropfen lassen.
2. Das Olivenöl in einer Pfanne erhitzen und die Kalbsleber darin kurz braten, herausnehmen und bereitstellen.
3. Die Zwiebel, die Karotte und den Staudensellerie putzen, fein würfeln, ins verbliebene Bratfett geben, mit Weißwein ablöschen und bei mäßiger Hitze 5 Minuten dünsten.
4. Die Leber, das Gemüse und das Hackfleisch in eine Schüssel geben und miteinander vermischen. Mit Salz, Pfeffer, Cayennepfeffer, Salbei und Maggikraut würzen.
5. Das Weißbrot, die Eier und den Pecorinokäse unter die Masse arbeiten und anschließend die Masse in die Cannelloniröhrchen füllen.
6. Die Cannelloniröhrchen in eine ausgefettete Auflaufform setzen, mit der Béchamelsauce und der Tomatensauce überziehen und mit dem in Scheiben geschnittenen Mozzarellakäse bedecken.
7. Das Ganze im auf 180-200°C vorgeheizten Backofen 10-15 Minuten garen, herausnehmen, ausgarnieren und servieren.

CANNELLONI MIT MEERESFRÜCHTEN

FÜR 4 PERSONEN:

2 EL Olivenöl
1 Knoblauchzehe
1 TL Salz
1 Zwiebel, 2 Frühlingszwiebeln
100 g Miesmuschelfleisch
100 g gekochte Tintenfische
100 g Krabben
1 Schuß Weißwein
2 Tomaten, 1 Ei
100 g geriebenes Weißbrot
50 g geriebenen Provolone
Salz, Pfeffer aus der Mühle
1 Prise Muskat
1 Prise Cayennepfeffer

AUSSERDEM:

200 g gebrauchsfertige oder
600 g blanchierte
Cannelloniröhrchen
1/2 l Tomatensauce
200 g Mozzarellakäse
Kräuterzweige zum Garnieren ▼

1. Das Olivenöl in einer Pfanne erhitzen und die mit Salz zerriebene Knoblauchzehe darin anschwitzen.
2. Die Zwiebel und die Frühlingszwiebeln putzen, fein würfeln, im Knoblauchöl glasig schwitzen.
3. Das Muschelfleisch, die Tintenfische und die Krabben fein schneiden, unter die Zwiebel heben und kurz anschwitzen.
4. Mit Weißwein ablöschen, vom Feuer nehmen und in eine Schüssel geben.
5. Die Tomaten enthäuten, entkernen, würfeln, mit dem geriebenen Weißbrot und dem Provolone sowie dem Ei unter die Meeresfrüchtemasse rühren.
6. Mit Salz, Pfeffer, Muskat und Cayennepfeffer abschmecken und in die Cannelloniröhrchen füllen.
7. Die Cannelloni in eine ausgefettete Auflaufform schichten, mit der Tomatensauce überziehen und mit dem in Scheiben geschnittenen Mozzarellakäse belegen.
8. Im auf 180-200°C vorgeheizten Backofen 10-15 Minuten garen, herausnehmen, anrichten und mit Kräuterzweigen garniert servieren.

CANNELLONI MIT PILZFÜLLUNG

FÜR 4 PERSONEN:

1-2 EL Butter oder Margarine
1 Zwiebel
50 g gekochten Schinken
250 g gemischte Pilze
Saft von 1 Zitrone, 1 Bund Petersilie
100 g geriebenes Weißbrot
2 Eier, Salz, Pfeffer aus der Mühle
1 Prise Cayennepfeffer
1 Prise Muskat

AUSSERDEM:

200 g gebrauchsfertige oder
600 g blanchierte
Cannelloniröhrchen
1/2 l Béchamelsauce
1/4 l Tomatensauce
200 g Mozzarellakäse
Kräuterzweige zum Garnieren

1. Die Butter oder Margarine in einer Pfanne erhitzen, die gehackte Zwiebel darin glasig schwitzen.
2. Den fein gewürfelten Schinken und die geputzten und kleingeschnittenen Pilze dazugeben, anschwitzen.
3. Mit Zitronensaft beträufeln und die gehackte Petersilie untermischen. Vom Feuer nehmen und in eine Schüssel geben.
4. Das Weißbrot und die Eier unter die Masse rühren und mit Salz, Pfeffer, Cayennepfeffer und Muskat abschmecken.
5. Die Pilzmasse in die vorbereiteten Cannelloniröhrchen füllen und in eine ausgefettete Auflaufform schichten.
6. Die Béchamelsauce und die Tomatensauce angießen und mit dem in Scheiben geschnittenen Mozzarellakäse abdecken.
7. Die Cannelloni im auf 180-200°C vorgeheizten Backofen 10-15 Minuten backen, herausnehmen, anrichten und mit Kräuterzweigen garniert servieren.

CANNELLONI FAIRMONT

FÜR 4 PERSONEN:

1-2 EL Olivenöl
200 g Bacon, 1 Zwiebel
500 g jungen Blattspinat
Salz, Pfeffer aus der Mühle
1 Prise Cayennepfeffer
1 Prise Muskat
75 g geriebenen Pecorinokäse
75 g geröstete Sonnenblumenkerne

AUSSERDEM:

200 g gebrauchsfertige oder
600 g blanchierte
Cannelloniröhrchen
1/2 l (2 Pck.) Les Sauces Béchamel
150 g Mozzarellakäse oder
Parmesankäse
3-4 EL Butterflöckchen ▲

1. Das Olivenöl in einer Pfanne erhitzen, und den in feine Würfel geschnittenen Bacon darin auslassen.
2. Die Zwiebel fein hacken, zum Speck geben und kurz mitschwitzen.
3. Den geputzten, gewaschenen, gut abgetropften und zerpflückten Blattspinat dazugeben und bei mäßiger Hitze 4-5 Minuten dünsten.
4. Den Spinat mit Salz, Pfeffer, Cayennepfeffer und Muskat kräftig würzen, vom Feuer nehmen, leicht erkalten lassen, den Pecorinokäse und die Sonnenblumenkerne untermischen.
5. Die Masse gleichmäßig in die Cannelloniröhrchen füllen und in eine ausgefettete Auflaufform schichten.
6. Die Béchamelsauce angießen und mit dem in Scheiben geschnittenen Käse abdecken.
7. Mit einigen Butterflöckchen belegen und im auf 180-200°C vorgeheizten Backofen 10-15 Minuten backen, herausnehmen, anrichten, ausgarnieren und servieren.

NOVEMBERSPAGHETTI

FÜR 4 PERSONEN:
400 g Spaghetti
Salzwasser
2-3 EL Olivenöl

FÜR DIE SAUCE:
1 kleinen Kopf Wirsing
2-3 EL Olivenöl, 1 Zwiebel
1 Glas Weißwein
1 Tasse Gemüsebrühe
1/2 Tasse Sojasauce
75 g frische Champignons
75 g frische Steinpilze
75 g frische Shiitakepilze
Saft von 2 Zitronen
75 g Kirschtomaten
Salz, Pfeffer aus der Mühle
1 Prise Cayennepfeffer
1 Prise Muskat
1 Bund Schnittlauch ▼

1. Die Spaghetti im Salzwasser mit dem Olivenöl 6-8 Minuten garen, herausnehmen, gut abtropfen lassen und bereitstellen.
2. Den Wirsing putzen, waschen, gut abtropfen lassen, in breite Streifen schneiden und bereitstellen.
3. Das Olivenöl in einem Topf erhitzen, und die geschälte und feingehackte Zwiebel glasig schwitzen.
4. Den Wirsing dazugeben, kurz anschwitzen, mit Weißwein ablöschen und mit der Gemüsebrühe und der Sojasauce auffüllen.
5. Die Champignons, die Steinpilze und die Shiitakepilze putzen, waschen, gut abtropfen lassen, je nach Bedarf kleinschneiden und mit Zitronensaft beträufeln. Die Tomaten waschen und halbieren.
6. Die Spaghetti, den Wirsing und die Pilze miteinander vermischen, mit Salz, Pfeffer, Cayennepfeffer und Muskat abschmecken und in eine ausgefettete Auflaufform schichten.
7. Im auf 180-200°C vorgeheizten Backofen 10-15 Minuten garen, herausnehmen, anrichten und mit frisch geschnittenem Schnittlauch bestreut servieren.

MINESTRONE ALLA MILANESE

FÜR 4 PERSONEN:
2 EL Olivenöl
2 Knoblauchzehen
1 TL Salz
75 g gekochten Schinken
1 Zwiebel, 1 Karotte
1 Stück Staudensellerie
2 EL Tomatenmark
1 Schuß Weißwein
3/4 l Gemüse- oder Fleischbrühe
1 Zucchino, 4 Tomaten
1 große Dose weiße Bohnen
200 g gekochte Suppennudeln
Salz, Pfeffer aus der Mühle
1 Prise Cayennepfeffer
je 1 TL Oregano und Basilikum
1 Tasse geriebenen Parmesankäse ▼

1. Das Olivenöl in einem Topf erhitzen, und die mit Salz zerriebenen Knoblauchzehen darin anschwitzen.
2. Den Schinken in feine Würfel schneiden, mit der geschälten und feingehackten Zwiebel ins Knoblauchfett geben und glasig schwitzen.
3. Die Karotte und den Staudensellerie putzen, fein würfeln, zur Zwiebel geben und kurz mitschwitzen.
4. Das Tomatenmark unterrühren, mit Weißwein ablöschen und mit der Gemüse- oder Fleischbrühe auffüllen.
5. Das Ganze bei mäßiger Hitze 8-10 Minuten köcheln lassen.
6. Den Zucchino putzen und in feine Würfel schneiden. Die Tomaten enthäuten, entkernen und würfeln.
7. Zucchiniwürfel, Tomatenwürfel und die Bohnen in die Suppe geben, und das Ganze bei mäßiger Hitze weitere 5-6 Minuten köcheln lassen.
8. Die Suppennudeln unter die Minestrone heben und mit Salz, Pfeffer, Cayennepfeffer, Oregano und Basilikum kräftig würzen.
9. Die Minestrone alla Milanese anrichten, mit geriebenem Parmesankäse bestreuen, ausgarnieren und servieren.

ZUPPA PAVESE

FÜR 4 PERSONEN:
4 EL Butter oder Margarine
2 Knoblauchzehen
1 TL Salz
1/2 Bund Petersilie
4 Scheiben Weißbrot
4 Frischeier
1 l Gemüse- oder Fleischbrühe
1/2 Bund Basilikum
25 g geriebenen Parmesankäse ▼

1. Die Butter oder Margarine in einer Schüssel schaumig schlagen, und die mit Salz zerriebenen Knoblauchzehen untermischen.
2. Die verlesene, gewaschene und feingehackte Petersilie unter die Knoblauchbutter rühren.
3. Die Weißbrotscheiben mit der Knoblauchbutter einstreichen und in einer Pfanne auf beiden Seiten goldgelb rösten.
4. Die Weißbrotscheiben in tiefe Teller legen und mit je einem aufgeschlagenen Ei überziehen.
5. Die heiße Gemüse- oder Fleischbrühe mit dem verlesenen, gewaschenen und feingeschnittenen Basilikum vermischen und über die Eier gießen.
6. Mit geriebenem Parmesankäse bestreuen, ausgarnieren und servieren.

ZUCCHINISUPPE

FÜR 4 PERSONEN:

2-3 EL Butter oder Margarine
1 Zwiebel
250 g Kartoffeln
1 Stange Lauch
1 Schuß Weißwein
1/2 l Gemüse- oder Fleischbrühe
1 Becher Sahne
50 g Mehl
Je 1 TL Oregano und Basilikum
2 Zucchini
Salz, Pfeffer aus der Mühle
1 Prise Muskat
1 Prise Cayennepfeffer
1 Tasse geriebenen Parmesankäse

▼

1. Die Butter oder Margarine in einem Topf erhitzen, und die geschälte und feingehackte Zwiebel darin glasig schwitzen.
2. Die Kartoffeln schälen, in feine Würfel schneiden, zu den Zwiebeln geben und kurz mitschwitzen.
3. Den Lauch putzen, in Streifen schneiden, zu den Kartoffeln geben und ebenfalls kurz mitschwitzen.
4. Mit Weißwein ablöschen und mit der Gemüse- oder Fleischbrühe auffüllen.
5. Die Sahne mit dem Mehl glattrühren, mit dem Oregano und dem Basilikum unter die Suppe rühren und das Ganze bei mäßiger Hitze 10-15 Minuten köcheln lassen.
6. In der Zwischenzeit die Zucchini putzen, waschen, in Würfel schneiden und anschließend in die Suppe geben. Das Ganze bei mäßiger Hitze weitere 6-8 Minuten köcheln lassen.
7. Die Suppe mit Salz, Pfeffer, Muskat und Cayennepfeffer kräftig abschmecken, anrichten und mit frisch geriebenem Parmesankäse bestreut servieren.

AUBERGINEN-MOZZARELLA-AUFLAUF

FÜR 4 PERSONEN:

2 Auberginen, 2-3 EL Salz
Saft von 2 Zitronen
Salz, Pfeffer aus der Mühle
Mehl zum Wenden
3-4 Eier, 2 Tassen Semmelbrösel
1 Tasse geriebenen Parmesankäse
Olivenöl zum Ausbacken
400 g Mozzarellakäse
1/2 l Tomatensauce
1/2 Bund Oregano
1/2 Bund Basilikum
1 Tasse ger. Parmesankäse

▼

1. Die Auberginen putzen, in zentimeterdicke Scheiben schneiden, mit Salz bestreuen und im Kühlschrank 10-15 Minuten ziehen lassen.
2. Anschließend die Auberginenscheiben unter fließendem Wasser waschen, gut abtropfen lassen, mit Zitronensaft beträufeln und mit Salz und Pfeffer würzen.
3. Die Auberginenscheiben in Mehl wenden und bereitstellen.
4. Die Eier mit dem Schneebesen verschlagen, die Semmelbrösel mit dem Parmesankäse vermischen.
5. Die Auberginenscheiben zuerst im Ei wenden und anschließend mit der Semmelbrösel-Käse-Panade panieren.
6. Das Olivenöl in einer Pfanne erhitzen, und die Auberginenscheiben darin goldgelb ausbacken, herausnehmen und bereitstellen.
7. Den Mozzarellakäse in Scheiben schneiden und schichtweise mit den Auberginenscheiben in eine ausgefettete Auflaufform geben.
8. Die Tomatensauce angießen und im auf 180-200°C vorgeheizten Backofen 10-15 Minuten backen.

9. Herausnehmen, mit den verlesenen, gewaschenen und feingehackten Kräutern und dem Parmesankäse bestreuen, ausgarnieren und servieren.

MUSCHELSUPPE

FÜR 4 PERSONEN:

2 EL Butter oder Margarine
1 Zwiebel, 1 Karotte
1 Stück Sellerie
1 Schuß Weißwein, 1/2 l Fischbrühe
1 Becher Sahne, 50 g Mehl
Salz, Pfeffer aus der Mühle
1 Prise Cayennepfeffer
1 Msp. Safran, 1 Prise Zucker
250 g Miesmuschelfleisch
Saft von 1 Zitrone
1/2 Bund Dill

▼

1. Die Butter oder Margarine in einem Topf erhitzen, und die geschälte und feingehackte Zwiebel darin glasig schwitzen.
2. Die Karotte und den Sellerie putzen, in sehr feine Würfel schneiden, zur Zwiebel geben und kurz mitschwitzen.
3. Mit Weißwein ablöschen und mit der Fischbrühe auffüllen und zum Kochen bringen.
4. Die Sahne und das Mehl miteinander glattrühren und mit dem Schneebesen in die Suppe einrühren.
5. Das Ganze mit Salz, Pfeffer, Cayennepfeffer, Safran und Zucker abschmecken und sämig kochen.
6. Kurz vor Garende das Miesmuschelfleisch mit Zitronensaft beträufeln und unter die Suppe heben.
7. Das Ganze nochmals kräftig abschmecken, und den verlesenen, gewaschenen und feingeschnittenen Dill untermischen, anrichten, ausgarnieren und servieren.

FETTUCINE VERDE MIT MANGO UND HUHN

FÜR 4 PERSONEN:

400 g grüne Bandnudeln
Salzwasser
2-3 EL Olivenöl

FÜR DIE SAUCE:

2-3 EL Olivenöl, 1 TL Salz
1 Knoblauchzehe, 1 Zwiebel
1 Schuß Weißwein
1/4 l Les Sauces Béchamel
1 Schuß Sahne
Salz, Pfeffer aus der Mühle
100 g geriebenen Provolonekäse

AUSSERDEM:

4 Hähnchenbrustfilets
2-3 EL Olivenöl, 2 Mangofrüchte
2 kleine Stauden Chicorée
3-4 EL geröstete Sesamkörner
1 Bund Schnittlauch ▲

1. Die Bandnudeln mit dem Salzwasser und dem Olivenöl bißfest garen.
2. Das Olivenöl in einer Pfanne erhitzen, und die mit Salz zerriebenen Knoblauchzehe darin anschwitzen.
3. Die Zwiebel schälen und fein hacken, ins Knoblauchöl geben und glasig schwitzen.
4. Mit Weißwein ablöschen und mit der Béchamelsauce und der Sahne auffüllen.
5. Das Ganze mit Salz und Pfeffer würzen, vom Feuer nehmen und den geriebenen Provolonekäse untermischen.
6. Die küchenfertigen Hähnchenbrustfilets mit Salz und Pfeffer würzen und in einer Pfanne mit dem Öl braten und in Scheiben schneiden.
7. Die Mangofrüchte dünn schälen, das Fruchtfleisch vom Kern lösen und in Scheiben schneiden.
8. Das Mangofruchtfleisch im verbliebenen Bratfett kurz erhitzen.

9. Die Hähnchenscheiben abwechselnd mit den Mangoscheiben dekorativ auf Tellern anrichten.
10. Die Nudeln mit der Sauce anschwenken, nochmals abschmecken, die Chicoréestauden dekorativ auf den Teller legen und die Nudeln darauf legen. Mit den gerösteten Sesamkörnern und dem frisch geschnittenen Schnittlauch bestreuen, ausgarnieren und servieren.

BLUMENKOHL-BROCCOLI-AUFLAUF

FÜR 4 PERSONEN:
600 g Blumenkohlröschen
600 g Broccoliröschen
1/2 l Gemüsebrühe

AUSSERDEM:
2-3 EL Olivenöl, 2 Zwiebeln
1 Bund Frühlingszwiebeln
100 g gekochten Schinken
4 Tomaten, 1/2 l Béchamelsauce
125 g geriebenen Pecorinokäse
einige Butterflöckchen
1 Tasse geriebenen Parmesankäse
1 Bund Schnittlauch ▼

1. Die Blumenkohl- und Broccoli-röschen waschen, abtropfen lassen und in der Brühe bißfest garen, herausnehmen und bereitstellen.
2. Das Olivenöl in einer Pfanne erhitzen, und die feingehackten Zwiebeln darin glasig schwitzen.
3. Die Frühlingszwiebeln putzen, waschen, in Streifen schneiden, zu den Zwiebeln geben, mitschwitzen.
4. Den Schinken in Würfel schneiden, mit den enthäuteten, entkernten und gewürfelten Tomaten unter die Zwiebelmischung heben.
5. Die Zwiebel-Schinken-Mischung mit den Blumenkohl- und Broccoli-röschen vermischen und in eine ausgefettete Auflaufform schichten.
6. Die Béchamelsauce mit dem geriebenen Pecorinokäse verrühren, und das Ganze über den Auflauf gießen.
7. Mit Butterflöckchen belegen und mit Parmesankäse bestreuen.
8. Im auf 180-200°C vorgeheizten Backofen 10-15 Minuten backen, herausnehmen, anrichten und mit frisch geschnittenem Schnittlauch bestreut servieren.

MACCHARONIAUFLAUF MIT AUBERGINEN

FÜR 4 PERSONEN:
2 mittelgroße Auberginen
2-3 EL Salz
Olivenöl zum Ausbacken
2 Zwiebeln, 1 Karotte
1 Stück Staudensellerie
1 Schuß Weißwein, 6-8 Tomaten
je 1/2 Bund Oregano und Basilikum
Salz, Pfeffer aus der Mühle
600 g bißfest gegarte Maccharoni
125 g geriebenen Provolonekäse
250 g Mozzarellakäse ▼

1. Die Auberginen putzen, in Scheiben schneiden, mit Salz bestreuen und 10-15 Minuten ziehen lassen.
2. Anschließend die Auberginen-scheiben waschen, gut abtropfen lassen und im Olivenöl backen, herausnehmen und bereitstellen.
3. Die Zwiebeln fein hacken und im verbliebenen Fett glasig schwitzen.
4. Die Karotten und den Stauden-sellerie putzen, würfeln, zu den Zwiebeln geben, kurz mitschwitzen.
5. Mit Weißwein ablöschen und bei mäßiger Hitze 5-6 Minuten dünsten.
6. Die Tomaten enthäuten, entkernen, würfeln und mit den feinge-hackten Kräutern unter die Gemüsemischung heben.
7. Mit Salz und Pfeffer kräftig würzen. Die Auberginenscheiben mit dem Gemüse, den Nudeln und dem geriebenen Provolonekäse schicht-weise in eine gefettete Auflaufform füllen.
8. Den Mozzarellakäse in Scheiben schneiden, und den Auflauf damit abdecken.
9. Im auf 180-200°C vorgeheizten Backofen 10-15 Minuten backen, herausnehmen, anrichten, ausgarnieren und servieren.

VOLLKORNNUDELN MIT ZUCCHINIGEMÜSE

FÜR 4 PERSONEN:
400 g Putenbrustfilet
Salz, Pfeffer aus der Mühle
2-3 EL Olivenöl
2 Knoblauchzehen, 1 TL Salz
500 g Zucchini
1 Schuß Weißwein
Saft von 1 Zitrone
1 Prise Cayennepfeffer
Je 1 Prise Muskat und Zucker
1 Becher Sahne
1 Tasse Gemüsebrühe
125 g geriebenen Provolonekäse
50 g geriebenen Parmesankäse
1 Bund Schnittlauch ▼

1. Das Putenbrustfilet waschen, trockentupfen, in Streifen schneiden und mit Salz und Pfeffer würzen.
2. Das Olivenöl in einer Pfanne erhitzen, und die mit Salz zerriebenen Knoblauchzehen darin anschwitzen.
3. Das Putenbrustfilet dazugeben und kurz anbraten.
4. Die Zucchini putzen, in Scheiben schneiden, zum Fleisch geben und kurz mitschwitzen.
5. Mit Wein und Zitronensaft ablö-schen, mit Salz, Pfeffer, Cayenne-pfeffer, Muskat und Zucker würzen.
6. Das Ganze in eine ausgefettete Auflaufform schichten. Die Sahne mit der Gemüsebrühe und dem Provolo-ne verrühren und gleichmäßig auf dem Auflauf verteilen.
7. Den Auflauf mit dem Parmesan-käse bestreuen und im auf 180-200°C vorgeheizten Backofen 10-15 Minuten garen.
8. Den Auflauf herausnehmen, mit Parmesankäse und frisch geschnit-tenem Schnittlauch bestreuen, ausgarnieren und servieren.

PIZZATEIG MIT HEFE

FÜR 4 PERSONEN:

1/8 l lauwarmes Wasser
1/8 l lauwarme Milch
1 Pck. Frischhefe, 1 EL Zucker
1 TL Salz, 2-3 EL Olivenöl
400 g Weizenmehl ▼

1. Das Wasser und die Milch mit der Hefe und dem Zucker in einen Topf geben und an einem warmen Ort 10-15 Minuten gehen lassen.
2. Die Hefemilch mit dem Salz und dem Öl auf das gesiebte Weizenmehl geben, und das Ganze zu einem glatten kompakten Teig verkneten.
3. Den Teig mit dem Kochlöffel so lange schlagen, bis er Blasen wirft und erneut zugedeckt an einem warmen Ort zur doppelten Menge gehen lassen.
4. Den Pizzateig auf einer bemehlten Arbeitsfläche durchkneten, in vier Teile teilen, dünn ausrollen.
5. Den Teig in eine ausgefettete Pizzaform legen und erneut 10-15 Minuten gehen lassen. Zum weiteren Bedarf bereitstellen.

TOMATEN-GRUNDSAUCE

FÜR 4 PERSONEN:

2 EL Olivenöl, 1 Zwiebel
1 Knoblauchzehe, 1 TL Salz
4 Tomaten, 2-3 EL Tomatenmark
je 1 TL Oregano und Basilikum
Salz, Pfeffer aus der Mühle ▼

1. Das Olivenöl in einer Pfanne erhitzen, und die feingehackte Zwiebel mit der mit Salz zerriebenen Knoblauchzehe darin glasig schwitzen.
2. Die Tomaten enthäuten, entkernen, würfeln, zu den Zwiebeln geben und kurz anschwitzen.
3. Das Tomatenmark unterrühren,

mit Oregano, Basilikum, Salz und Pfeffer abschmecken und kurz einreduzieren lassen.
4. Die Sauce vom Feuer nehmen, erkalten lassen und zum weiteren Bedarf bereitstellen.

FOCACCIA

FÜR 4 PERSONEN:

2 - 2 1/2 Tassen lauwarmes Wasser
1 Pck. Hefe, 1 EL Zucker
500 g Weizenmehl, Type 450
1 TL gemahlenen Kümmel
1 TL gemahlenen Koriander
1 TL gemahlenen Kardamom
1 EL Salz, 2-3 EL Olivenöl

AUSSERDEM:

1 Rezept Tomaten-Grundsauce ▼

1. Das Wasser mit der zerbröckelten Hefe und dem Zucker in einen Topf geben und an einem warmen Ort 10-15 Minuten gehen lassen.
2. Das Hefewasser mit dem Weizenmehl, dem Kümmel, dem Koriander, dem Kardamom, dem Salz und dem Olivenöl in einen Topf geben und zu einem glatten Teig verarbeiten.
3. Den Teig mit dem Kochlöffel so lange schlagen, bis er Blasen wirft. Erneut zugedeckt zur doppelten Menge aufgehen lassen.
4. Den Teig auf einer bemehlten Arbeitsfläche kräftig durcharbeiten und in vier Teile aufteilen.
5. Den Teig dünn ausrollen und in eine ausgefettete Pizzaform geben.
6. Die Tomaten-Grundsauce gleichmäßig darauf streichen, und das Ganze im auf 180-200°C vorgeheizten Backofen 8-10 Minuten backen. Herausnehmen, anrichten und servieren.

CALZONE MIT MEERESFRÜCHTEN

FÜR 4 PERSONEN:

1 Rezept Brotteig
Olivenöl zum Ausfetten
1-2 EL Olivenöl, 1 Zwiebel
je 1 rote und grüne Paprikaschote
100 g Artischockenherzen
je 100 g gekochte Tintenfische,
Miesmuschelfleisch und Crevetten
1/4 l Tomaten-Grundsauce
je 1/2 Bund Oregano und Basilikum
Salz, Pfeffer aus der Mühle
200 g Mozzarellakäse ▼

1. Den Teig nach Grundrezept vorbereiten, auf einer bemehlten Fläche dünn ausrollen, mit Öl bestreichen.
2. Das Olivenöl erhitzen, die gehackte Zwiebel glasig schwitzen.
3. Die Paprikaschoten halbieren, entkernen, waschen, gut abtropfen lassen, in Streifen schneiden, zu den Zwiebeln geben, kurz mitschwitzen.
4. Die Artischockenherzen vierteln, mit den Tintenfischen, Muscheln und Crevetten zum Gemüse geben.
5. Die Tomatensauce angießen und einmal aufkochen lassen.
6. Die feingehackten Kräuter untermischen, mit Salz und Pfeffer würzen, vom Feuer nehmen und erkalten lassen.
7. Den gewürfelten Mozzarellakäse unter die Masse heben und jeweils auf eine Hälfte der ausgerollten Teigstücke geben.
8. Die andere Hälfte des Teiges darüberklappen, und die Ränder gut festdrücken.
9. Die Calzone auf ein ausgefettetes Backblech setzen, und das Ganze im auf 180-200°C vorgeheizten Backofen 15-20 Minuten backen. Herausnehmen, anrichten, ausgarnieren und servieren.

APFELPIZZA

FÜR 4 PERSONEN:
FÜR DEN TEIG:

150 g Weizenmehl
10 g getrocknete Hefe
Je 1 Prise Zucker und Salz
1/8 l lauwarmes Wasser
1 EL Weinbrand
Fett zum Ausfetten

FÜR DIE SAUCE:

1-2 EL Olivenöl
1 Knoblauchzehe, 2 Zwiebeln
1 Dose geschälte Tomatenwürfel
Je 1 TL Oregano und Basilikum
Salz, Pfeffer aus der Mühle
250 g gekochten Schinken
2 Tomaten, 4 säuerliche Äpfel
Saft von 1 Zitrone, 2 Eier
125 g geriebenen Emmentaler
1 Bund Schnittlauch ▲

1. Das Weizenmehl mit der Hefe, dem Zucker, dem Wasser, dem Salz und dem Weinbrand in eine Schüssel geben und zu einem glatten Teig verarbeiten.
2. Den Teig mit dem Kochlöffel so lange schlagen, bis er Blasen wirft, und zugedeckt an einem warmen Ort zur doppelten Menge aufgehen lassen.
3. Den Teig anschließend auf einer bemehlten Arbeitsfläche nochmals kräftig durchkneten, in vier Teile teilen, ausrollen und in vier ausgefettete Pizzaformen geben.
4. Für die Sauce das Olivenöl in einer Pfanne erhitzen. Die geschälte Knoblauchzehe und die Zwiebeln in feine Würfel schneiden, ins Öl geben und glasig schwitzen.
5. Die Tomatenwürfel dazugeben und zum Kochen bringen. Mit Oregano, Thymian, Salz und Pfeffer abrunden.

6. Den Schinken in Streifen schneiden, die Tomaten putzen und in Scheiben schneiden.
7. Die Äpfel schälen, entkernen, in Scheiben schneiden und mit Zitronensaft beträufeln.
8. Den Schinken, die Tomaten, die Äpfel und die Tomatensauce dekorativ auf die Pizzaböden verteilen.
9. Die Eier mit dem geriebenen Emmentaler verschlagen und gleichmäßig auf den Belag geben.
10. Die Pizza im auf 180-200°C vorgeheizten Backofen 15-20 Minuten backen. Herausnehmen, anrichten und mit frisch geschnittenem Schnittlauch bestreut servieren.

SARDELLENPIZZA

FÜR 4 PERSONEN:
1-2 EL Olivenöl, 2 Zwiebeln
Je 1 rote und grünePaprikaschote
1/4 l Tomatensauce

AUSSERDEM:
1 Rezept Pizzateig
50 g gekochten Schinken
50 g Mailänder Salami
2 Tomaten
Salz, Pfeffer aus der Mühle
100 g eingelegte Sardellenfilets
100 g Provolonekäse
100 g Mozzarellakäse
1/2 Bund Petersilie ▼

1. Das Olivenöl in einer Pfanne erhitzen, und die feingehackten Zwiebeln darin glasig schwitzen.
2. Die Paprikaschoten halbieren, entkernen, würfeln, zu den Zwiebeln geben und kurz mitschwitzen.
3. Die Tomatensauce angießen, und das Ganze bei kräftiger Hitze kurz einreduzieren lassen.
4. Den Pizzateig nach Rezept vorbereiten und in Pizzaformen legen.
5. Die Schinken-, Salami- und die Tomatenscheiben mit der Sauce dekorativ auf den Pizzaböden verteilen und mit Salz und Pfeffer würzen.
6. Die Sardellenfilets unter fließendem Wasser abwaschen, gut abtropfen lassen und dekorativ auf die Pizzaböden legen.
7. Das Ganze mit dem in Scheiben geschnittenen oder geriebenen Käse bestreuen und im auf 180-200°C vorgeheizten Backofen 15-20 Minuten backen.
8. Die Sardellenpizza herausnehmen, anrichten, mit geschnittener Petersilie bestreuen und servieren.

PIZZA MIT THUNFISCH UND SARDELLEN

FÜR 4 PERSONEN:
1-2 EL Olivenöl, 1 Zwiebel
100 g frische Champignons
Saft von 1 Zitrone
1/4 l Tomaten-Grundsauce

AUSSERDEM:
1 Rezept Brotteig, 4 Tomaten
200 g Thunfisch in Öl
100 g Sardellenfilet
2 hartgekochte Eier, einige Oliven
4 grüne Pfefferschoten
250 g geriebenen Provolonekäse
1 Bund Schnittlauch ▼

1. Das Olivenöl in einer Pfanne erhitzen, und die geschälte und feingehackte Zwiebel glasig schwitzen.
2. Die geputzten Champignons halbieren, mit Zitronensaft beträufeln, zur Zwiebel geben und kurz mitschwitzen.
3. Die Tomatensauce angießen und kurz einreduzieren lassen, vom Feuer nehmen und erkalten lassen.
4. Den Brotteig nach Rezept vorbereiten, ausrollen und in vier Pizzaformen geben.
5. Die Tomaten in Scheiben schneiden und auf die Böden legen.
6. Die Champignonsauce mit dem Thunfisch und den Sardellenfilets sowie den geschälten und in Scheiben geschnittenen Eiern dekorativ auf den Tomaten anrichten.
7. Die Oliven und die Pfefferschoten darauflegen und mit geriebenem Provolonekäse bestreuen.
8. Die Pizza im auf 180-200°C vorgeheizten Backofen 15-20 Minuten backen, herausnehmen, anrichten und mit frisch geschnittenem Schnittlauch bestreut servieren.

HACKFLEISCHPIZZA MIT GEMÜSE

FÜR 4 PERSONEN:
1-2 EL Olivenöl
1 Knoblauchzehe , 1 TL Salz
400 g gemischtes Hackfleisch
1 Zwiebel
je 1 TL Oregano und Basilikum
1 EL Paprikapulver
Salz, Pfeffer aus der Mühle
2 EL Tomatenmark, 1 Schuß Rotwein
1/2 Tasse geriebenen Parmesankäse

AUSSERDEM:
1 Rezept Brotteig
2-3 EL Semmelbrösel, 4 Tomaten
1 kleine Dose Champignonköpfe
1 kleine Dose Artischockenherzen
einige Peperoni und Oliven
200 g Mozzarellakäse ▼

1. Das Olivenöl in einer Pfanne erhitzen und die geschälte und mit Salz zerriebene Knoblauchzehe darin anschwitzen.
2. Das Hackfleisch ins Knoblauchfett geben und scharf braten.
3. Die geschälte und feingehackte Zwiebel dazugeben und kurz mitschwitzen.
4. Mit Oregano, Basilikum, Paprikapulver, Salz und Pfeffer kräftig würzen.
5. Das Tomatenmark unterrühren, mit Rotwein ablöschen und das Ganze bei

mäßiger Hitze 8-10 Minuten dünsten lassen, vom Feuer nehmen, erkalten lassen und den Parmesankäse untermischen.

6. Den Brotteig nach Rezept vorbereiten und anschließend mit Semmelbröseln bestreuen.

7. Die Tomaten in Scheiben schneiden, auf die Pizza legen, und das Hackfleisch mit den gut abgetropften Champignonköpfen und den halbierten oder geviertelten Artischockenherzen, den Peperoni und den Oliven dekorativ darauf anrichten.

8. Den Mozzarellakäse in Scheiben schneiden, auf die Pizza legen und das Ganze im auf 180-200°C vorgeheizten Backofen 15-20 Minuten backen. Herausnehmen, anrichten und servieren.

WILDSCHÜTZENPIZZA

FÜR 4 PERSONEN:

4 Portionen Pizzateig
2 EL Tomatenmark
1 Tasse geschälte Tomaten
1-2 EL Olivenöl, 1 Zwiebel
1 rote Paprikaschote
1 Schuß Rotwein, 1 Zucchino
250 g gekochtes oder gebratenes Wildfleisch
1 kleine Dose Zuckermais
Salz, Pfeffer aus der Mühle
je 1 Prise Cayennepfeffer und Muskat
250 g Mozzarellakäse
je 1/2 Bund Oregano und Basilikum

▲

1. Den Pizzateig nach Rezept vorbereiten und in vier Pizzaformen legen.

2. Die Pizza mit Tomatenmark bestreichen, die geschälten Tomaten bereitstellen.

3. Das Öl in einer Pfanne erhitzen, die gehackte Zwiebel darin glasig schwitzen.

4. Die Paprikaschote halbieren, entkernen, würfeln, zur Zwiebel geben und kurz mitschwitzen. Mit Rotwein ablöschen, einreduzieren lassen.

5. Den Zucchino putzen, würfeln, zum Gemüse geben, mitschwitzen.

6. Das Gemüse vom Feuer nehmen, das kleingewürfelte Wildfleisch und den Zuckermais untermischen und mit Salz, Pfeffer, Cayennepfeffer und Muskat kräftig würzen.

7. Die Tomaten mit der Gemüsemischung dekorativ auf den Pizzaböden anrichten und mit dem in Scheiben geschnittenen Mozzarellakäse abdecken.

8. Die Pizza im auf 180-200°C vorgeheizten Backofen 15-20 Minuten backen, herausnehmen und mit frisch gehackten Kräutern bestreut servieren.

BISTECCA ALLA FIORENTINA

FÜR 4 PERSONEN:
4 Rindersteaks (Filet oder Roastbeef vom Jungrind)
2 Tassen Olivenöl
2 Knoblauchzehen
1 TL Salz
1 EL geriebene Zitronenschale
Je 1 TL Oregano und Basilikum
Salz, Pfeffer aus der Mühle

AUSSERDEM:
2-3 EL Olivenöl, 2 Knoblauchzehen
1 TL Salz, 2 Zwiebeln
4-6 Tomaten, 2 Bund Schnittlauch

1. Die küchenfertigen Rindersteaks unter fließendem Wasser abwaschen, trockentupfen und in eine Schüssel legen.
2. Das Olivenöl mit den mit Salz zerriebenen Knoblauchzehen, der Zitronenschale, dem Oregano, dem Basilikum sowie dem Salz und dem Pfeffer vermischen und gleichmäßig über die Steaks verteilen.
3. Die Steaks im Kühlschrank mindestens 3-4 Stunden ziehen lassen und anschließend auf dem Holzkohlengrill garen.
4. Das Olivenöl in einer Pfanne erhitzen, und die mit Salz zerriebenen Knoblauchzehen darin anschwitzen.
5. Die Zwiebeln schälen, fein hacken, mit den enthäuteten, entkernten und gewürfelten Tomaten ins Knoblauchfett geben.
6. Das Ganze bei starker Hitze kurz einreduzieren lassen. Die Rindersteaks anrichten, mit der Tomatensauce überziehen und mit frisch geschnittenem Schnittlauch bestreut servieren.

BRASATO ALLA MILANESE

FÜR 4 PERSONEN:
4 Rinderkotelett
Salz, Pfeffer aus der Mühle
Olivenöl zum Anbraten
2 Zwiebeln, 2 Karotten
2-3 Knoblauchzehen
1 Stück Stangensellerie
1 Schuß Rotwein
2 große Dosen geschälte Tomaten
1 EL Oregano
Je 1 TL Basilikum und Salbei
1 Tasse geriebenen Parmesankäse

1. Die Rinderkoteletts unter fließendem Wasser abwaschen, trockentupfen, mit Salz und Pfeffer würzen.
2. Das Olivenöl in einem Bräter erhitzen, und die Koteletts darin rundherum Farbe nehmen lassen.
3. Die Zwiebeln und die Knoblauchzehen schälen und fein hacken, zu den Koteletts geben und kurz mitbraten.
4. Die Karotten und den Staudensellerie putzen, in Würfel schneiden, zum Fleisch geben und ebenfalls kurz mitbraten.
5. Mit Rotwein ablöschen und mit den geschälten Tomaten auffüllen. Mit Oregano, Basilikum und Salbei würzen.
6. Den Bräter verschließen und das Ganze im auf 180-200°C vorgeheizten Backofen 70-80 Minuten schmoren lassen.
7. Die Schmorkoteletts nochmal abschmecken, anrichten und mit frisch geriebenem Parmesankäse bestreut servieren.

AUBERGINENAUFLAUF

FÜR 4 PERSONEN:
2 große Auberginen
2-3 EL Salz, Saft von 2 Zitronen
Mehl zum Wenden, 1 Tasse Olivenöl
2 Knoblauchzehen, 4 Tomaten
200 g gekochten Schinken
500 g bißfest gegarte Eiernudeln (Hörnchen)
Salz, Pfeffer aus der Mühle
1 Becher Joghurt
50 g geriebenen Parmesankäse
1 Prise Cayennepfeffer
1 Prise Muskatpulver
250 g Mozzarellakäse
1/2 Bund Oregano

1. Die Auberginen waschen, in Scheiben schneiden, mit Salz bestreuen und 10-15 Minuten ziehen lassen.
2. Anschließend die Auberginen unter fließendem Wasser waschen, trockentupfen, mit Zitronensaft beträufeln und im Mehl wenden.
3. Das Olivenöl in einer Pfanne erhitzen, und die gehackten Knoblauchzehen darin anschwitzen.
4. Die Auberginenscheiben anbraten, herausnehmen und bereitstellen.
5. Die Tomaten in Scheiben, den Schinken in Streifen schneiden.
6. Die Auberginen- und Tomatenscheiben, den Schinken und die Eiernudeln schichtweise in eine ausgefettete Auflaufform geben und mit Salz und Pfeffer würzen.
7. Den Joghurt mit dem Parmesan verrühren, mit Salz, Pfeffer, Cayennepfeffer und Muskat kräftig würzen und auf dem Auflauf verteilen.
8. Den Mozzarella in Scheiben schneiden, den Auflauf damit abdecken und im auf 180-200°C vorgeheizten Backofen 15-20 Minuten backen. Herausnehmen, anrichten, mit frisch gehacktem Oregano bestreuen und servieren.

KALBSFILET MIT STEINPILZEN

FÜR 4 PERSONEN:
4 Kalbsfilets à 200 g
100 g Provolone, Fett zum Braten
Salz, Pfeffer aus der Mühle

AUSSERDEM:
1-2 EL Butter oder Margarine
1 Zwiebel, 250 g frische Steinpilze
1 säuerlicher Apfel
Saft von 1 Zitrone, 2 Tomaten
1 Schuß Weißwein
1/4 l Bratenfond
1/2 Bund Melisse
1/2 Bund Schnittlauch ▼

1. Die Kalbsfilets waschen, trockentupfen, den Provolone in Stifte schneiden, die Filets damit spicken.
2. Das Fett in einer Pfanne erhitzen, die Kalbsfilets braten, herausnehmen, salzen, pfeffern und warm stellen.
3. Die Butter oder Margarine im verbliebenen Bratfett erhitzen und die geschälte und feingehackte Zwiebel darin glasig schwitzen.
4. Die kleingeschnittenen Steinpilze dazugeben und kurz mitschwitzen.
5. Den Apfel schälen, entkernen, in Scheibchen schneiden, mit Zitronensaft beträufeln, zu den Pilzen geben und ebenfalls kurz mitschwitzen.
6. Die enthäuteten, entkernten und gewürfeltenTomaten unterheben und mit Weißwein ablöschen und mit Bratenfond auffüllen.
7. Die Sauce bei mäßiger Hitze 4-5 Minuten köcheln lassen. Die gehackten bzw. kleingeschnittenen Kräuter untermischen.
8. Die Sauce nochmals abschmecken, die Filets anrichten, mit der Sauce überziehen, ausgarnieren und servieren.

SALTIMBOCCA ALLA ROMANA

FÜR 4 PERSONEN:
8 Kalbsschnitzel à 125 g
Salz, Pfeffer aus der Mühle
8 Scheiben Parmaschinken
8 Salbeiblätter
Mehl zum Wenden
Butter oder Margarine zum Braten

AUSSERDEM:
Saft von 2 Zitronen
1 Glas Weißwein
1/4 l Bratensaft
50 g Butterflöckchen ▼

1. Die Kalbsschnitzel unter fließendem Wasser waschen, trockentupfen, mit Salz und Pfeffer kräftig würzen und auf eine Arbeitsfläche legen.
2. Je eine Scheibe Parmaschinken und ein Salbeiblatt drauflegen, und das Ganze mit Zahnstochern feststecken.
3. Die Schnitzel in Mehl wenden, die Butter oder Margarine in einer Pfanne erhitzen und die Schnitzel darin braten.
4. Die Kalbsschnitzel herausnehmen und warm stellen. Den Bratensaft mit Zitronensaft und Weißwein ablöschen und mit der Bratensauce auffüllen.
5. Die Sauce kräftig einreduzieren lassen, und mit dem Schneebesen die kalten Butterflöckchen kräftig darunterschlagen.
6. Die Kalbsschnitzelchen anrichten, mit der Sauce überziehen, ausgarnieren und servieren.

GORGONZOLAFILET

FÜR 4 PERSONEN:
4 Rinderfilets à 200 g
4 Scheiben Parmaschinken
4 Scheiben Gorgonzola
4 Scheiben durchwachsenen, geräucherten Speck
Fett zum Braten
4 cl Weinbrand
Salz, Pfeffer aus der Mühle

AUSSERDEM:
1 Zwiebel
2 EL grüne Pfefferkörner
1 Becher Sahne
1/4 l Bratenfond ▼

1. Die Rinderfilets unter fließendem Wasser waschen, trockentupfen und mit einem scharfen Messer jeweils eine Tasche einschneiden.
2. Die Tasche mit Parmaschinken und Gorgonzola füllen.
3. Die Speckscheiben um die Rinderfilets legen und mit Zahnstochern feststecken.
4. Fett in einer Pfanne erhitzen, und die Rinderfilets darin je nach Geschmack medium oder durch braten.
5. Den Weinbrand in einer Flambierkelle erhitzen, anzünden und die Filets damit flambieren.
6. Die Filets herausnehmen, mit Salz und Pfeffer würzen und warm stellen.
7. Die feingehackte Zwiebel ins verbliebene Bratfett geben und glasig schwitzen. Die Pfefferkörner unterrühren.
8. Die Sahne und den Bratenfond angießen, und das Ganze kräftig einreduzieren lassen. Mit Salz und Pfeffer würzen.
9. Die Gorgonzolafilets anrichten, mit der Sauce überziehen, ausgarnieren und servieren.

BOLOGNESER KALBSSCHNITZEL

FÜR 4 PERSONEN:

4 dünne Kalbsschnitzel à 150-180 g
Salz, Pfeffer aus der Mühle
Saft von 1 Zitrone
2 EL geriebenen Parmesankäse
3-4 EL Mehl, 2 Eier
1 Tasse Semmelbrösel
3-4 EL Butter oder Margarine

AUSSERDEM:

4 Scheiben Parmaschinken
100 g geriebenen Parmesankäse
1/4 l Tomatensauce
Kräuterzweige zum Garnieren ▼

1. Die Kalbsschnitzel unter fließendem Wasser waschen, trockentupfen und mit Salz und Pfeffer würzen.
2. Den Zitronensaft mit dem Parmesankäse verrühren, die Schnitzel damit einstreichen und zugedeckt im Kühlschrank mindestens 30 Minuten ziehen lassen.
3. Die Schnitzel herausnehmen und anschließend im Mehl wenden.
4. Die Eier mit dem Schneebesen verschlagen, und die Schnitzel durchziehen, mit Semmelbröseln panieren.
5. Die Butter oder Margarine in einer Pfanne erhitzen, und die Kalbsschnitzel darin goldgelb ausbacken.
6. Mit je einer Scheibe Parmaschinken belegen und mit dem restlichen Parmesankäse bestreuen.

7. Den Deckel auf die Pfanne setzen, und das Fleisch darin bei leichter Hitze so lange braten, bis der Käse geschmolzen ist.
8. Die Bologneser Kalbsschnitzel anrichten, mit je einem Klacks Tomatensauce überziehen, mit Kräuterzweigen garnieren und servieren.

OSSO BUCO ALLA MILANESE

FÜR 4 PERSONEN:
4 Kalbshaxenscheiben
Salz, Pfeffer aus der Mühle
Je 1 EL Majoran und Kümmel
1 Tasse Mehl, 1 EL Salz
Olivenöl zum Braten
4 Knoblauchzehen
2 Zwiebeln, 2 Karotten
1 Stück Sellerie
2-3 EL Tomatenmark
1 Flasche Rotwein
1 große Dose geschälte Tomaten
2 Lorbeerblätter
Je 1 EL Oregano und Basilikum
1 Bund Schnittlauch
2 hartgekochte Eier
2-3 EL geriebene Zitronenschale ▼

1. Die Kalbshaxenscheiben waschen, trockentupfen und mit Salz, Pfeffer, Majoran und Kümmel würzen.
2. Die Kalbshaxenscheiben im Mehl wenden, das Olivenöl in einem Bräter erhitzen und die Haxenscheiben rundherum Farbe nehmen lassen.
3. Die Knoblauchzehen schälen, mit Salz zu einer Paste zerreiben, mit dem kleingeschnittenen Gemüse zum Fleisch geben und kurz mitbraten.
4. Das Tomatenmark unterrühren, mit dem Rotwein ablöschen und mit den geschälten Tomaten auffüllen.
5. Die Lorbeerblätter, den Oregano und den Basilikum untermischen. Den Bräter verschließen und im auf 180-200°C vorgeheizten Backofen 80-90 Minuten schmoren lassen.
6. Den Schnittlauch schneiden, mit den gepellten und gehackten Eiern und der Zitronenschale vermischen.
7. Die Haxenscheiben herausnehmen, anrichten, die Sauce abschmecken, mit der Kräuter-Ei-Mischung bestreuen, ausgarnieren, servieren.

LAMM MIT NUDELN

FÜR 4 PERSONEN:
600 g mageres Lammfleisch
2-3 EL Olivenöl, 1 Knoblauchzehe
1 Lorbeerblatt, 1 Zweig Rosmarin
1/4 l Gemüse- oder Fleischbrühe
1 TL geriebene Zitronenschale
1 TL geriebene Pfefferminze
Salz, Pfeffer aus der Mühle
1 Prise Cayennepfeffer
1 große Dose geschälte Tomaten
3/4 l Gemüsebrühe
250 g Spaghetti
1 Zucchino, 2 Tomaten
1/2 Bund Petersilie
1/2 Bund Zitronenmelisse
2-3 EL gehackte Mandeln ▼

1. Das Lammfleisch waschen, trockentupfen und in mundgerechte Würfel schneiden.
2. Das Olivenöl in einem Bräter erhitzen, und die geschälte und feingehackte Knoblauchzehe darin anschwitzen.
3. Das Lorbeerblatt zerreiben, den Rosmarin verlesen und das Fleisch mit Lorbeer und Rosmarin einreiben.
4. Das Fleisch ins Bratfett geben und rundherum Farbe nehmen lassen. Mit Gemüse- oder Fleischbrühe auffüllen, die Zitronenschale und die Pfefferminze untermischen.
5. Mit Salz, Pfeffer und Cayennepfeffer würzen und zugedeckt im auf 180-200°C vorgeheizten Backofen etwa 60 Minuten schmoren lassen.
6. Die geschälten Tomaten und die Gemüsebrühe angießen, zum Kochen bringen und anschließend die Spaghetti unterheben.
7. Bei 200°C 30 Minuten garen.
8. Die Zucchino in Scheiben schneiden, die Tomaten enthäuten, entkernen und würfeln und 10 Minuten vor Garende unter den Lammtopf heben.

9. Nach Ende der Garzeit das Gericht nochmals abschmecken, die verlesenen, gewaschenen und feingehackten Kräuter unterheben, anrichten und mit gehackten Mandeln bestreut servieren.

HÄHNCHEN MIT KRÄUTERN

FÜR 4 PERSONEN:
2 küchenfertige Hähnchen
Salz, Pfeffer aus der Mühle
1 Tasse Olivenöl
2 Knoblauchzehen, 1 TL Salz
1 EL geriebene Zitronenschale
1 EL geriebene Pfefferminze
Je 1 EL Thymian und Rosmarin

AUSSERDEM:
50 g Butter
je 1/2 Bund Petersilie und Oregano
Saft von 1 Zitrone ▼

1. Die Hähnchen waschen, trockentupfen, mit Salz und Pfeffer würzen.
2. Das Olivenöl in eine Schüssel geben, und die mit Salz zerriebenen Knoblauchzehen darin verrühren.
3. Die Zitronenschale, die Pfefferminze, den Thymian und den Rosmarin untermischen, und die Hähnchen damit einstreichen.
4. Im Kühlschrank 10-15 Minuten ziehen lassen und auf dem Grill 50-60 Minuten garen.
5. Während der Garzeit die Hähnchen öfter mit Butter bestreichen.
6. Die restliche Butter erhitzen, und die gehackten und feingeschnittenen Kräuter untermischen und mit Zitronensaft, Salz und Pfeffer würzen.
7. Die portionierten Hähnchen anrichten, mit der Kräuterbutter überziehen, ausgarnieren und servieren.

SCHWEINEGESCHNET-ZELTES IN KÄSESAUCE

FÜR 4 PERSONEN:

600 g Schweinefilet
Je 1 TL Thymian und Rosmarin
2-3 EL Olivenöl
Salz, Pfeffer aus der Mühle
1 Zwiebel, 250 g Austernpilze
Saft von 1 Zitrone
1 Schuß Weißwein, 1 Becher Sahne
1/4 l Béchamelsauce
1 Tasse geriebenen Parmesankäse
1 Bund Schnittlauch
Je 1 Prise Muskat
1 Prise Cayennepfeffer ▼

1. Das Schweinefilet waschen, trockentupfen, in Scheiben schneiden.
2. Das Fleisch mit Thymian und Rosmarin würzen, das Öl in einer Pfanne erhitzen, das Fleisch darin anbraten.
3. Das Schweinefilet unter ständigem Rühren braten, salzen, pfeffern, herausnehmen und warm stellen.
4. Die Zwiebel hacken, ins verbliebene Bratfett geben, glasig schwitzen.
5. Die Austernpilze putzen, waschen, gut abtropfen lassen, je nach Bedarf kleinschneiden, zu den Zwiebeln geben und kurz mitschwitzen.
6. Mit Zitronensaft und Weißwein beträufeln, und mit der Béchamelsauce und der Sahne auffüllen.
7. Das Ganze bei mäßiger Hitze 5-6 Minuten köcheln lassen.
8. Anschließend das Fleisch und den Parmesankäse sowie den frisch geschnittenen Schnittlauch unter die Sauce heben, nochmals erhitzen, aber nicht mehr kochen lassen.
9. Das Schweinegeschnetzelte mit Salz, Pfeffer, Muskat und Cayennepfeffer abrunden, anrichten, ausgarnieren und servieren.

ZITRONENLEBER MIT ZWIEBELN

FÜR 4 PERSONEN:

8 Scheiben Kalbs- oder Rinderleber à 100 g
weißen Pfeffer aus der Mühle
1 Tasse Mehl, 2-3 Eier
1 1/2 Tassen Semmelbrösel
1/2 Tasse geriebenen Parmesankäse
1/2 Bund Zitronenmelisse
Fett zum Ausbacken
Saft von 2 Zitronen
1-2 Knoblauchzehen, 1 TL Salz
2 Zwiebeln, 4 Tomaten
1 EL geriebene Zitronenschale
2 hartgekochte Eier
1/2 Bund Zitronenmelisse ▼

1. Die küchenfertige Kalbs- oder Rinderleber waschen, trockentupfen und mit weißem Pfeffer bestreuen.
2. Die Leberscheiben in Mehl wenden. Die Eier mit dem Schneebesen in einer Schüssel verschlagen.
3. Die Semmelbrösel und den Parmesankäse sowie die feingehackte Zitronenmelisse vermischen.
4. Die Leberscheiben durch die Eier ziehen und anschließend mit den Käsebröseln panieren.
5. Fett in einer Pfanne erhitzen und die panierten Leberscheiben darin braten, herausnehmen, mit Zitronensaft beträufeln und warm stellen.
6. Die mit Salz zerriebenen Knoblauchzehen ins verbliebene Bratfett geben und anschwitzen.
7. Die Zwiebeln hacken, ins Knoblauchfett geben und glasig schwitzen.
8. Die Tomaten enthäuten, entkernen, in Würfel schneiden, mit der Zitronenschale zu den Zwiebeln geben und einmal aufkochen lassen.
9. Die Eier pellen, fein hacken, die restliche Zitronenmelisse untermischen, und das Ganze erhitzen, mit Salz und Pfeffer würzen.
10. Die Kalbs- oder Rinderleberscheiben anrichten, mit der Sauce überziehen, ausgarnieren und servieren.

KALBFLEISCHGESCHNET-ZELTES MILANO

FÜR 4 PERSONEN:

500 g Kalbfleisch (Keule oder Filet)
2-3 EL Olivenöl
Salz, Pfeffer aus der Mühle

AUSSERDEM:

1 Zwiebel
100 g frische Champignons
Saft von 1/2 Zitrone
100 g grüne Erbsen (TK-Produkt)
2 Scheiben Ananas
1 kleine Dosen Mandarinenfilets
1 Schuß Weißwein
1/4 l gebundene helle Sauce
1 Becher Sahne
2-3 EL geriebenen Parmesankäse
4 Portionen bißfest gegarte Spaghetti
Belegkirschen zum Garnieren ▲

1. Das Kalbfleisch unter fließendem Wasser abwaschen, trockentupfen und in Streifen oder Würfel schneiden.

2. Das Olivenöl in einer Pfanne erhitzen, und das Fleisch darin rundherum Farbe nehmen lassen.

3. Mit Salz und Pfeffer würzen, herausnehmen und warm stellen.

4. Die Zwiebel schälen, fein hacken, ins verbliebene Bratfett geben und glasig schwitzen.

5. Die Champignons putzen, in Scheiben schneiden, mit Zitronensaft beträufeln und mit den grünen Erbsen zu den Zwiebeln geben, bei mäßiger Hitze kurz anschwitzen.

6. Die in Würfel geschnittenen Ananasscheiben und die gut abgetropften Mandarinenfilets dazugeben, mit Weißwein ablöschen,

mit der hellen Sauce und der Sahne auffüllen, und das Ganze bei mäßiger Hitze 5-6 Minuten köcheln lassen.

7. Den geriebenen Parmesankäse und das Fleisch unter die Sauce rühren, nochmals abschmecken, aber nicht mehr kochen lassen.

8. Die Spaghetti anrichten, mit der Sauce überziehen, mit Belegkirschen ausgarnieren und servieren.

SCHWERTFISCHFILET MIT TOMATEN

FÜR 4 PERSONEN:
4 Schwertfischfilets à 200 g
Saft von 1 Zitrone
einige Tropfen Worcestersauce
Salz, Pfeffer aus der Mühle
1 Tasse Mehl
Butter oder Margarine zum Braten
2 Zwiebeln
4-6 Tomaten
1/2 Bund Basilikum
1/2 Bund Oregano
einige gefüllte Oliven ▼

1. Die Schwertfischfilets unter fließendem Wasser waschen, trockentupfen und mit Zitronensaft und Worcestersauce beträufeln.
2. Die Filets mit Salz und Pfeffer kräftig würzen und in Mehl wenden.
3. Die Butter oder Margarine in einer Pfanne erhitzen, und die Schwertfischfilets darin braten, herausnehmen und warm stellen.
4. Die Zwiebeln schälen, fein hacken, ins verbliebene Bratfett geben und glasig schwitzen.
5. Die Tomaten enthäuten, entkernen, in Würfel schneiden, zu den Zwiebeln geben und kurz mitschwitzen.
6. Die Kräuter verlesen, waschen, gut abtropfen lassen, fein hacken und mit den in Scheiben geschnittenen Oliven unter die Sauce heben.
7. Die Schwertfischfilets anrichten, mit der Tomatensauce überziehen, ausgarnieren und servieren.

GEBACKENE SARDELLEN

FÜR 4 PERSONEN:
8-12 küchenfertige Sardellen
Saft von 1 Zitrone
einige Tropfen Worcestersauce
Salz, weißen Pfeffer aus der Mühle
1 Bund Dill
1 Tasse Mehl
2-3 Eier
1 1/2 Tassen Semmelbrösel
1/2 Tasse Parmesankäse

AUSSERDEM:
Butter oder Margarine zum Braten
Saft von 2 Zitronen
1 Schuß Weißwein
1 Tasse Gemüse- oder Fischbrühe ▼

1. Die küchenfertigen Sardellen unter fließendem Wasser waschen, gut abtropfen lassen, mit Zitronensaft und Worcestersauce beträufeln, mit Salz und Pfeffer würzen.
2. Den Dill verlesen, waschen, gut abtropfen lassen, zerpflücken und die Sardellen damit füllen. Anschließend die Sardellen in Mehl wenden.
3. Die Eier mit dem Schneebesen verschlagen, und die Semmelbrösel mit dem Parmesankäse vermischen.
4. Die Sardellen zuerst durch die Eier ziehen und anschließend mit den Käsebröseln panieren.
5. Butter oder Margarine in einer Pfanne erhitzen, und die panierten Sardellen darin goldgelb ausbacken.
6. Nach Ende der Garzeit die Sardellen mit Zitronensaft und Weißwein beträufeln, aus der Pfanne nehmen und anrichten.
7. Den Bratenfond mit Gemüse- oder Fischbrühe ablöschen, über die Sardellen gießen, ausgarnieren und servieren.

ÜBERBACKENES FISCHFILET

FÜR 4 PERSONEN:
4 Fischfilets à 250 g
Saft von 1 Zitrone
Salz, Pfeffer aus der Mühle
1 Tasse Mehl, 2-3 EL Butter

AUSSERDEM:
4 Zwiebeln, 2-3 EL Olivenöl
4 Tomaten, 4 hartgekochte Eier
1 Stück Salatgurke
4 Scheiben Provolone à 30 g
1/2 Bund Schnittlauch
Kräuterzweige zum Garnieren ▼

1. Die Fischfilets waschen, trockentupfen, mit Zitronensaft beträufeln und mit Salz und Pfeffer würzen.
2. Die Fischfilets in Mehl wenden.
3. Die Butter in einer Pfanne erhitzen, und die Fischfilets darin anbraten.
4. Eine feuerfeste Form mit Butter ausfetten, und die Fischfilets einsetzen.
5. Die Zwiebeln in Scheiben schneiden, das Öl in einer Pfanne erhitzen, die Zwiebeln darin glasig schwitzen.
6. Die Tomaten waschen, den Strunk herausschneiden, und die Tomaten in Scheiben schneiden.
7. Die Eier pellen und in Scheiben schneiden. Die Salatgurke putzen, waschen und in Scheiben schneiden.
8. Die Zwiebeln, die Tomatenscheiben, die Eier und die Gurkenscheiben auf den Fischfilets anrichten.
9. Mit den Provolonescheiben abdecken und im auf 180-200°C vorgeheizten Backofen 10-15 Minuten überbacken.
10. Die Fischfilets herausnehmen, anrichten, mit frisch geschnittenem Schnittlauch bestreuen, mit Kräuterzweigen ausgarnieren und servieren.

TINTENFISCHRINGE IN WEINTEIG

FÜR 4 PERSONEN:
800 g küchenfertige gekochte
Tintenfischringe
Saft von 1 Zitrone
einige Tropfen Worcestersauce
Salz, Pfeffer aus der Mühle

FÜR DEN TEIG:
200 g Mehl
2 Eier
1/4 l Weißwein
1 Prise Salz
weißen Pfeffer aus der Mühle
50 g geriebenen Parmesankäse
2 Eiweiß
Fett zum Ausbacken ▼

1. Die Tintenfischringe unter fließendem Wasser waschen, trockentupfen, mit Zitronensaft und Worcestersauce beträufeln, mit Salz und Pfeffer würzen und im Kühlschrank 10-15 Minuten ziehen lassen.
2. Für den Teig das Mehl mit den Eiern, dem Weißwein, dem Salz und dem Pfeffer sowie dem Parmesankäse in eine Schüssel geben und glattrühren.
3. Das Eiweiß mit etwas Salz steif schlagen und vorsichtig unter den Teig heben.
4. Das Fett in einem Fritiertopf erhitzen, die Tintenfischringe durch den Weinteig ziehen und im heißen Fett goldgelb ausbacken.
5. Die Tintenfischringe gut abtropfen lassen, anrichten und mit Sauce Remoulade servieren.

SEEFISCHFILETS MIT NUSS-ROSINEN-SAUCE

FÜR 4 PERSONEN:
4 Scheiben Seefischfilets à 200 g
Saft von 1 Zitrone
einige Tropfen Worcestersauce
Salz, Pfeffer aus der Mühle
1-2 EL Olivenöl
1 Knoblauchzehe
1 TL Salz
1 Zwiebel
1 Karotte
1 Stück Staudensellerie
1 Tasse Rotwein
1/4 l Fischbrühe
1 Dose geschälte Tomaten
50 g Rosinen
25 g Pinienkerne
25 g Pistazienkerne
2-3 EL Honig
2-3 EL Essig
1 Bund Schnittlauch

1. Die küchenfertigen Seefischfilets unter fließendem Wasser waschen, trockentupfen, mit Zitronensaft und Worcestersauce beträufeln, mit Salz und Pfeffer würzen.
2. Das Olivenöl in einer Pfanne erhitzen, und die geschälte und mit Salz zerriebene Knoblauchzehe darin anschwitzen.
3. Die Seefischfilets im Knoblauchöl braten, herausnehmen und warm stellen.
4. Die Zwiebel, die Karotte und den Staudensellerie putzen, in feine Würfel oder Streifen schneiden, ins verbliebene Bratfett geben und glasig schwitzen.
5. Mit Rotwein ablöschen, mit der Fischbrühe und den geschälten Tomaten auffüllen, und das Ganze bei mäßiger Hitze 6-8 Minuten köcheln lassen.

6. Die Rosinen, die Pinienkerne und die Pistazienkerne dazugeben, und das Ganze mit Honig, Essig, Salz und Pfeffer süß-sauer abschmecken.
7. Die Seefischfilets anrichten, mit der Sauce überziehen, mit frisch geschnittenem Schnittlauch bestreuen, ausgarnieren und servieren.

GEKRÄUTERTE FORELLEN

FÜR 4 PERSONEN:
4 küchenfertige Forellen
Saft von 1 Zitrone
einige Tropfen Worcestersauce
Salz, Pfeffer aus der Mühle
1/2 Bund Dill
1/2 Bund Zitronenmelisse
1 Tasse Olivenöl
1 TL Majoran
1 TL Thymian
1 TL Rosmarin ▼

1. Die küchenfertigen Forellen unter fließendem Wasser waschen, trockentupfen, mit Zitronensaft und Worcestersauce beträufeln, mit Salz und Pfeffer würzen.
2. Den Dill und die Zitronenmelisse verlesen, zerpflücken und die Forellen damit füllen. Im Kühlschrank 10-15 Minuten ziehen lassen.
3. Das Olivenöl mit Majoran, Thymian und Rosmarin verrühren und kurz stehen lassen.
4. Die Forellen mit einem scharfen Messer auf der Seite mehrmals einschneiden und mit dem Kräuteröl bestreichen.
5. Die Forellen in der Pfanne oder auf dem offenen Feuer garen und öfter mit der Kräuter-Öl-Marinade bestreichen.
6. Die gekräuterten Forellen anrichten, ausgarnieren und servieren.

FISCHTRANCHEN MIT KRÄUTERRAHMSAUCE

FÜR 4 PERSONEN:

4 Fischtranchen (Lachs, Thunfisch
oder Heilbutt)
Saft von 1 Zitrone
einige Tropfen Weißwein
Salz, Pfeffer aus der Mühle

AUSSERDEM:

1-2 EL Butter oder Margarine
1 Zwiebel
1 Tasse gemischte gehackte Kräuter
(Petersilie, Estragon, Dill, Basilikum)
1 Lorbeerblatt
1/4 l Weißwein
1/4 l Fischbrühe
1 Becher Sahne
3-4 EL Mehl

1. Die Fischtranchen unter
fließendem Wasser waschen,
trockentupfen, mit Zitronensaft und
Weißwein beträufeln, mit Salz und
Pfeffer würzen und im Kühlschrank
10-15 Minuten ziehen lassen.
2. Die Butter oder Margarine in
einem Topf erhitzen, und die
feingehackte Zwiebel darin glasig
schwitzen.
3. Die gemischten, gehackten
Kräuter untermischen, das
Lorbeerblatt dazugeben, mit
Weißwein ablöschen und mit der
Fischbrühe auffüllen.
4. Die Fischtranchen in den heißen
Sud legen und bei mäßiger Hitze
10-15 Minuten ziehen lassen.
5. Die Fischtranchen herausnehmen
und warm stellen. Das Lorbeerblatt
entfernen, und das Ganze im Mixer
oder mit dem Pürierstab pürieren.

6. Die Sahne mit dem Mehl glattrühren, mit der Sauce vermischen,
und das Ganze zu einer sämigen
Sauce verkochen.
7. Die Sauce mit Zitronensaft, Weißwein, Salz und Pfeffer abschmecken,
die Fischtranchen anrichten, mit der
Sauce überziehen, ausgarnieren und
servieren.

ÜBERBACKENE LAMMKOTELETTS

FÜR 4 PERSONEN:
12-16 Lammkoteletts
1 Tasse Olivenöl, 2 Knoblauchzehen
1 TL Salz, 1 EL Pfefferminze
1 TL Thymian, 1 TL Oregano
Salz, Pfeffer aus der Mühle

AUSSERDEM:
4 Tomaten
250 g Mozzarellakäse
1/4 l Tomatensauce ▼

1. Die Lammkoteletts waschen, trockentupfen, in eine Schüssel legen.
2. Das Olivenöl mit den geschälten und mit Salz zerriebenen Knoblauchzehen, der Pfefferminze, dem Thymian und dem Oregano vermischen.
3. Die Marinade gleichmäßig über die Lammkoteletts verteilen, und diese im Kühlschrank mindestens 2-3 Stunden ziehen lassen.
4. Die Lammkoteletts herausnehmen und auf dem Grill oder in der Pfanne je nach Geschmack braten.
5. Die Lammkoteletts mit Salz und Pfeffer würzen und in eine feuerfeste Form legen.
6. Die Tomaten waschen, den Strunk herausschneiden, die Tomaten in Scheiben schneiden und auf die Lammkoteletts legen.
7. Den Mozzarella in Scheiben schneiden, auf die Tomaten legen.
8. Die Form unter den Grill stellen und so lange überbacken, bis der Käse eine goldgelbe Farbe bekommen hat.
9. Die Lammkoteletts anrichten, mit etwas Tomatensauce überziehen, ausgarnieren und servieren.

PFEFFERKOTELETTS

FÜR 4 PERSONEN:
4 Schweinekoteletts oder Nackensteaks
4 EL Olivenöl, 1 TL Salz
Je 1 TL Basilikum und Oregano
2 Knoblauchzehen, 1 TL Salz

FÜR DIE SAUCE:
2-3 EL Butterschmalz
4 cl Weinbrand
1 Zwiebel
2 EL grüne Pfefferkörner
1/4 l gebundene Bratensauce
1/4 l Sahne
je 1/2 Bund Oregano und Basilikum
Salz, Pfeffer aus der Mühle ▼

1. Die Schweinekoteletts oder Nackensteaks unter fließendem Wasser waschen, trockentupfen und in eine Schüssel legen.
2. Das Olivenöl mit dem Basilikum, dem Oregano und den mit Salz zerriebenen Knoblauchzehen verrühren, und das Fleisch damit einstreichen.
3. Das Butterschmalz in einer Pfanne erhitzen, und das Fleisch darin braten. Anschließend mit Weinbrand flambieren, herausnehmen und warm stellen.
4. Die Zwiebel schälen, fein hacken, ins verbliebene Bratfett geben und glasig schwitzen.
5. Die Pfefferkörner dazugeben, das Ganze mit Bratensauce und Sahne auffüllen und kräftig einreduzieren lassen.
6. Die verlesenen, gewaschenen und feingehackten Kräuter untermischen, mit Salz und Pfeffer nochmals abschmecken, das Fleisch salzen und pfeffern, anrichten, mit der Sauce überziehen, ausgarnieren und servieren.

GESCHMORTE SCHWEINEKOTELETTS

FÜR 4 PERSONEN:
4 Schweinekoteletts
Salz, Pfeffer aus der Mühle
3-4 EL Mehl, 2-3 EL Butterschmalz
1 Zwiebel, 1 Karotte
1 Stück Sellerie
je 1 rote und grüne Paprikaschote
2 EL Tomatenmark, 1/4 l Rotwein
1 große Dose geschälte Tomaten
1 EL geriebene Zitronenschale
Je 1 TL Oregano und Basilikum

AUSSERDEM:
4 Portionen bißfest gegarte Spaghetti
1 Tasse geriebenen Parmesankäse
Kräuterzweige zum Garnieren ▼

1. Die Schweinekoteletts waschen, trockentupfen, mit Salz und Pfeffer würzen und in Mehl wenden.
2. Das Schmalz in einem Bräter erhitzen, und die Schweinekoteletts rundherum Farbe nehmen lassen.
3. Die Zwiebel, die Karotte, den Sellerie und die Paprikaschoten putzen, würfeln, zu den Koteletts geben und kurz mitschwitzen.
4. Das Tomatenmark untermischen, mit Rotwein ablöschen und mit den geschälten Tomaten auffüllen.
5. Die Zitronenschale, den Oregano und das Basilikum untermischen, mit Salz und Pfeffer würzen und den Bräter verschließen.
6. Im auf 180-200°C vorgeheizten Backofen das Ganze 60-70 Minuten schmoren lassen.
7. Die geschmorten Koteletts abschmecken, die Spaghetti anrichten, die Koteletts dazugeben, mit der Sauce überziehen, mit Parmesankäse bestreuen, mit Kräuterzweigen ausgarnieren und servieren.

HÄHNCHENBRUSTFILETS MIT ZUCCHINIHAUBE

FÜR 4 PERSONEN:
4 Hähnchenbrustfilets
Salz, Pfeffer aus der Mühle
je 1 TL Thymian und Oregano
Butter oder Margarine zum Braten
2 Knoblauchzehen, 1 TL Salz
1 Zwiebel, 2 Zucchini
2 Tomaten, 1 Schuß Weißwein
1/2 Bund Oregano
2 Becher Joghurt, 2-3 Eier
125 g geriebenen Provolonekäse
1 Bund Schnittlauch ▼

1. Die Hähnchenbrustfilets waschen, trockentupfen, mit Salz, Pfeffer, Thymian und Oregano würzen.
2. Das Fett in einer Pfanne erhitzen, und die mit Salz zerriebenen Knoblauchzehen darin anschwitzen.
3. Die Filets im Knoblauchfett anbraten, herausnehmen und in eine feuerfeste Form schichten.
4. Die Zwiebel hacken, ins verbliebene Bratfett geben, glasig schwitzen.
5. Die Zucchini putzen, in Scheiben schneiden, zu den Zwiebeln geben und kurz mitschwitzen.
6. Die Tomaten enthäuten, entkernen, den Strunk herausschneiden, die Tomaten in Scheiben schneiden, zu den Zucchini geben und kurz mitschwitzen. Mit Wein ablöschen, den gehackten Oregano untermischen.
7. Das Gemüse gleichmäßig auf die Hähnchenbrustfilets verteilen. Den Joghurt mit den Eiern und dem geriebenen Provolonekäse verrühren und auf das Gemüse geben.
8. Im auf 180-200°C vorgeheizten Backofen 15-20 Minuten überbacken, herausnehmen, anrichten und mit frisch geschnittenem Schnittlauch bestreut servieren.

SCHWEINESCHNITZEL MIT ZWIEBELN

FÜR 4 PERSONEN:
4 Schweineschnitzel
Salz, Pfeffer aus der Mühle
1 Tasse Mehl, Fett zum Braten
Saft von 2 Zitronen

AUSSERDEM:
1 Peperoni, 2 Zwiebeln
1 Bund Frühlingszwiebeln
1 Schuß Weißwein, 4 Tomaten
2 EL Tomatenmark
1 Bund Schnittlauch
je 1 Prise Cayennepfeffer, Kümmel und Zucker ▼

1. Die Schnitzel waschen, trockentupfen, mit Salz und Pfeffer würzen.
2. Die Schweineschnitzel in Mehl wenden, das Fett in einer Pfanne erhitzen, und die Schnitzel darin braten, mit Zitronensaft beträufeln, herausnehmen und warm stellen.
3. Die Peperoni halbieren, entkernen, würfeln und mit den gewürfelten Zwiebeln ins verbliebene Bratfett geben und glasig schwitzen.
4. Die Frühlingszwiebeln in Streifen schneiden, zu den Zwiebeln geben und kurz mitschwitzen.
5. Mit Weißwein ablöschen und bei mäßiger Hitze 4-5 Minuten dünsten.
6. Die Tomaten enthäuten, entkernen, in Würfel schneiden und mit dem Tomatenmark unter die Zwiebeln rühren.
7. Das Ganze erhitzen, den verlesenen, gewaschenen und feingeschnittenen Schnittlauch untermischen.
8. Mit Salz, Pfeffer, Cayennepfeffer, Kümmel und Zucker abrunden. Die Schweineschnitzel anrichten, mit den Zwiebeln überziehen, ausgarnieren und servieren.

SCHWEINENACKEN MIT WALDPILZEN

FÜR 4 PERSONEN:
4 Schweinenackensteaks
Salz, Pfeffer aus der Mühle
1 EL Majoran
1 EL geriebene Zitronenschale
1/2 Tasse Olivenöl

AUSSERDEM:
1 Zwiebel, 1 rote Paprikaschote
250 g Mischpilze, Saft von 1 Zitrone
1/4 l Tomatensauce
8 Scheiben Bacon
200 g Mozzarellakäse ▼

1. Die Steaks waschen, trockentupfen, mit Salz, Pfeffer, Majoran und Zitronenschale würzen.
2. Das Öl erhitzen und die Steaks darin braten, herausnehmen und in eine feuerfeste Form geben.
3. Die Zwiebel hacken, ins verbliebene Bratfett geben und glasig schwitzen.
4. Die Paprikaschote halbieren, entkernen, würfeln, zu den Zwiebeln geben und kurz mitschwitzen.
5. Die Pilze waschen, abtropfen lassen, je nach Bedarf kleinschneiden, mit Zitronensaft beträufeln, zum Gemüse geben, kurz mitschwitzen.
6. Mit der Tomatensauce auffüllen und einmal aufkochen lassen.
7. Das Gemüse auf die Nackensteaks verteilen. Den Bacon in einer trockenen Pfanne kroß braten.
8. Den Bacon auf die Nackensteaks legen und mit in Scheiben geschnittenem Mozzarella belegen.
9. Im auf 180-200°C vorgeheizten Backofen so lange überbacken, bis der Käse zum Schmelzen begonnen hat. Herausnehmen, anrichten, ausgarnieren und servieren.

LEBERGESCHNETZELTES MIT ZWIEBELRINGEN

FÜR 4 PERSONEN:

4 große Wirsingblätter
1/4 l Kalbsfond, 2 Gemüsezwiebeln
Mehl, 2 Eier, Butterschmalz
500 g Kalbs- oder Rinderleber
Salz, Pfeffer aus der Mühle
4 Tomaten
je 1 TL Basilikum und Oregano
2-3 EL geriebenen Parmesankäse
2-3 EL Rotweinessig
1/2 Becher Sahne, 50 g Butter
4 Portionen gegarte Spaghetti ▲

1. Die Wirsingblätter waschen und im Kalbsfond blanchieren, herausnehmen und gut abtropfen lassen.
2. Die Gemüsezwiebeln schälen, in Scheiben schneiden, in Mehl wenden.
3. Die Eier in einer Schüssel verschlagen, die Zwiebeln durch die Eier ziehen und im Schmalz braten, herausnehmen und warm stellen.
4. Die Leber waschen, trockentupfen und in Streifen schneiden.
5. Das Schmalz in einer Pfanne erhitzen und die Leber braten, herausnehmen, salzen, pfeffern, warm stellen.

6. Die Tomaten würfeln, anschwitzen. Mit Salz, Pfeffer, Basilikum, Oregano und Parmesankäse würzen.
7. Den Rotweinessig dazugeben, mit dem Kalbsfond und der Sahne auffüllen und einreduzieren lassen.
8. Die Butter in die Sauce geben und mit dem Schneebesen kräftig darunterschlagen, vom Feuer nehmen.
9. Die Spaghetti in einer Pfanne anschwenken, die Sauce und die Leber dazugeben, erhitzen, aber nicht mehr kochen lassen.
10. Die Spaghetti auf den Wirsingblättern anrichten, die Zwiebelringe darauflegen, ausgarnieren und servieren.

GEMÜSERISOTTO

FÜR 4 PERSONEN:

2-3 EL Butter oder Margarine
1 Zwiebel
1 Karotte
1 Stück Staudensellerie
je 1 rote und grüne Paprikaschote
75 g gekochten Schinken
300 g Rundkornreis
1 Schuß Weißwein
1 l Gemüse- oder Fleischbrühe
Salz, Pfeffer aus der Mühle
1 Prise Cayennepfeffer
1 Prise Kümmel, 1 Tasse Sahne
1 Tasse geriebenen Parmesankäse
1 Bund Schnittlauch ▼

1. Die Butter oder Margarine in einem Topf erhitzen, und das geputzte und in feine Würfel geschnittene Gemüse darin anschwitzen.
2. Den Schinken in feine Würfel schneiden, zum Gemüse geben und kurz mitschwitzen.
3. Den Rundkornreis unter fließendem Wasser waschen, gut abtropfen lassen, zum Gemüse geben und ebenfalls kurz mitschwitzen.
4. Mit Weißwein ablöschen und mit der Gemüse- oder Fleischbrühe auffüllen.
5. Mit Salz, Pfeffer, Cayennepfeffer und Kümmel abrunden und zugedeckt im auf 180°C vorgeheizten Backofen 25-30 Minuten ausquellen lassen.
6. Während der Garzeit öfter umrühren.
7. Die Sahne und den Parmesankäse unter das Risotto heben, nochmals abschmecken, anrichten und mit frisch geschnittenem Schnittlauch bestreut servieren.

KARTOFFELGNOCCHI

FÜR 4 PERSONEN:

1 kg gekochte Kartoffeln
200 g Weizenmehl
2 Eigelb
1/2 Tasse Milch
Salz, weißen Pfeffer aus der Mühle
1 Prise Muskat
1 Prise Cayennepfeffer

AUSSERDEM:

1/2 l Tomatensauce
1 Bund Basilikum
200 g Mozzarellakäse ▼

1. Die noch warmen Kartoffeln schälen, durch die Kartoffelpresse treiben und in eine Schüssel geben.
2. Das Weizenmehl darauf sieben, das Eigelb und die Milch dazugeben, und das Ganze zu einem glatten kompakten Teig verrühren.
3. Den Teig mit Salz, Pfeffer, Muskat und Cayennepfeffer kräftig würzen und auf einer bemehlten Arbeitsfläche zu einer 4-5 cm dicken Rolle verarbeiten.
4. Zentimeterdicke Scheiben abschneiden und diese zu Gnocchi abdrehen.
5. Die Gnocchi in Salzwasser garen, herausnehmen und anrichten.
6. Die Tomatensauce mit dem feingehackten Basilikum verfeinern und über die Gnocchi geben.
7. Den Mozzarellakäse in Scheiben schneiden, auf die Kartoffelgnocchi geben und unter dem Grill goldgelb überbacken, herausnehmen, anrichten, ausgarnieren und servieren.

GEMÜSEOMELETT MIT KRÄUTERN

FÜR 4 PERSONEN:

1 Zwiebel
je 1 rote und grüne Paprikaschote
100 g frische Champignons
Saft von 1 Zitrone
75 g durchw. geräucherten Speck
2-3 EL Butter oder Margarine
Salz, Pfeffer aus der Mühle
1 Prise Cayennepfeffer
1 Prise Muskat

AUSSERDEM:

8 Frischeier, 1 Tasse Milch
6 EL geriebenen Parmesankäse
1 Tasse gem., gehackte Kräuter ▼

1. Die Zwiebel schälen und hacken, die Paprikaschoten halbieren, entkernen, waschen und in Würfel schneiden.
2. Die Champignons putzen, in Scheiben schneiden und mit Zitronensaft beträufeln.
3. Den Speck fein würfeln.
4. Die Butter oder Margarine in einer Pfanne erhitzen, und den Speck darin auslassen.
5. Das Gemüse dazugeben und bei mäßiger Hitze kurz andünsten.
6. Das Gemüse mit Salz, Pfeffer, Cayennepfeffer und Muskat würzen und 4-5 Minuten köcheln lassen.
7. Die Eier mit der Milch und dem Parmesankäse sowie den gehackten Kräutern in eine Schüssel geben und kräftig miteinander verschlagen.
8. Eine Pfanne mit etwas Butter oder Margarine ausfetten, portionsweise den Eierteig einfüllen und mit dem Speckgemüse füllen.
9. Das Gemüseomelett ausbacken, zusammenklappen, mit Salz und Pfeffer würzen, anrichten, ausgarnieren und servieren.

ZUCCHINI IM SPECKMANTEL

FÜR 4 PERSONEN:

4 kleine Zucchini
4 Scheiben Parmaschinken
2-3 EL Tomatenmark
4 Scheiben Gorgonzola
100 g Frühstücksspeck in Scheiben
Butter oder Margarine zum
Ausfetten

AUSSERDEM:

200 g Mozzarellakäse ▼

1. Die Zucchini putzen, waschen und der Länge nach halbieren.
2. Mit je einer Scheibe Parmaschinken belegen, und die andere Hälfte mit Tomatenmark bestreichen.
3. Den Gorgonzola auf den Parmaschinken, legen und die Zucchinihälften zusammenklappen.
4. Mit Frühstücksspeck umwickeln, und mit Zahnstochern feststecken.
5. Die Butter oder Margarine in einer Pfanne erhitzen, und die Zucchini darin kurz anbraten.
6. Die Zucchini mit in Scheiben geschnittenem Mozzarella belegen und im auf 180-200°C vorgeheizten Backofen 10-15 Minuten backen. Herausnehmen, anrichten und servieren.

OMAS POLENTA

FÜR 4 PERSONEN:

1/2 l Milch, 1/2 Becher Sahne
1/2 l Gemüsebrühe, 250 g Maismehl
Salz, Pfeffer aus der Mühle
1 Prise Muskatpulver
1 Prise Cayennepfeffer
2 EL Olivenöl
Butter oder Margarine ▲

1. Die Milch mit der Sahne und der Brühe in einem Topf zum Kochen bringen.
2. Das Maismehl mit dem Schneebesen einrühren. Mit Salz, Pfeffer, Muskat und Cayennepfeffer würzen.
3. Das Olivenöl untermischen und das Ganze zugedeckt im auf 160-180°C vorgeheizten Backofen ausquellen lassen.
4. Während der Quellzeit öfter mit dem Kochlöffel umrühren. Anschließend das Ganze auf ein Blech schütten, glattstreichen und vollständig erkalten lassen.
5. Die Polenta in Scheiben schneiden und in Butter oder Margarine in einer Pfanne goldgelb ausbacken. Herausnehmen, anrichten, ausgarnieren und servieren.

ÜBERBACKENER FENCHEL

FÜR 4 PERSONEN:

4 mittelgroße Fenchelknollen
1 Tasse Weißwein
1/2 l Gemüsebrühe
1 Lorbeerblatt
1 Zweig Rosmarin
1 Zweig Thymian
Salz, Pfeffer aus der Mühle

AUSSERDEM:

Saft von 2 Zitronen
2 Tomaten
250 g Mozzarellakäse ▼

1. Die Fenchelknollen putzen, waschen, halbieren und bereitstellen.
2. Den Weißwein mit der Gemüsebrühe in einen Topf geben und zum Kochen bringen.
3. Das Lorbeerblatt, den Rosmarin und den Thymian dazugeben und mit Salz und Pfeffer würzen.
4. Die Fenchelhälften in den Sud legen und bißfest garen.
5. Die Fenchelhälften herausnehmen, gut abtropfen lassen, in eine Auflaufform setzen und mit Zitronensaft beträufeln.
6. Die Tomaten waschen, in Scheiben schneiden und auf die Fenchelhälften legen.
7. Den Mozzarellakäse in Scheiben schneiden, über die Tomaten legen, und das Ganze im auf 180-200°C vorgeheizten Backofen 8-10 Minuten überbacken. Herausnehmen, anrichten und servieren.

BAUERNSALAT

FÜR 4 PERSONEN:

1 kleinen Kopfsalat
1 Gemüsezwiebel
1 rote Paprikaschote
1 grüne Paprikaschote
1 kleine Salatgurke
4 Tomaten
250 g Mozzarellakäse oder Schafskäse
50 g Oliven

FÜR DAS DRESSING:

1 Tasse Fleischbrühe
1/2 Tasse Aceto balsamico
Saft von 1 Orange
2 Knoblauchzehen
1 TL Salz
1/2 Tasse Olivenöl
Salz, Pfeffer aus der Mühle
1 Prise Zucker
1/2 Bund Oregano
1/2 Bund Basilikum ▲

1. Den Kopfsalat verlesen, waschen, gut abtropfen lassen und in mundgerechte Stücke zerpflücken.
2. Die Gemüsezwiebel schälen und in sehr feine Scheiben schneiden.
3. Die Paprikaschoten halbieren, entkernen, waschen und in feine Streifen schneiden.
4. Die Salatgurke putzen, halbieren, das Kerngehäuse mit einem Teelöffel herausschaben und in feine Scheibchen schneiden.
5. Die Tomaten enthäuten, entkernen und in Würfel schneiden.

6. Den Käse in feine Würfel schneiden, mit den Oliven und den restlichen Zutaten in eine Schüssel geben, und alles vorsichtig miteinander vermischen.
7. Für das Dressing die Fleischbrühe mit dem Aceto balsamico, dem Orangensaft und den mit Salz zerriebenen Knoblauchzehen in eine Schüssel geben und glattrühren.

8. Das Olivenöl einrühren und das Ganze mit Salz, Pfeffer und Zucker kräftig würzen.
9. Den Oregano und das Basilikum verlesen, waschen, fein hacken und unter das Dressing rühren.
10. Den Salat mit dem Dressing anmachen, kurz durchziehen lassen, anrichten, ausgarnieren und servieren.

MAZEDONIA DI FRUTTA

FÜR 4 PERSONEN:

1 Apfel
1 Birne
Saft von 1 Zitrone
100 g Erdbeeren
100 g Weintrauben
1 Stück Wassermelone
1 Stück Honigmelone
4 cl Orangenlikör
Saft von 1 Zitrone
Saft von 1 Orange
1 Pck. Vanillezucker
2 EL Honig
1 Schuß Sekt oder Champagner
2-3 EL Pinienkerne
2-3 EL Pistazienkerne ▼

1. Den Apfel und die Birne schälen, entkernen, in feine Scheiben schneiden, und beides mit Zitronensaft beträufeln.
2. Die Erdbeeren und die Weintrauben verlesen, waschen und je nach Bedarf halbieren.
3. Die Wassermelone und die Honigmelone entkernen, und das Fruchtfleisch in Scheiben schneiden.
4. Die Früchte in eine Schüssel geben, und alles vorsichtig miteinander vermischen.
5. Den Orangenlikör mit dem Zitronensaft, dem Orangensaft, dem Vanillezucker und dem Honig in eine Schüssel geben und verrühren.
6. Das Ganze mit Sekt oder Champagner spritzig machen und den Fruchtsalat damit anmachen.
7. Den Fruchtsalat im Kühlschrank 10-15 Minuten ziehen lassen, je nach Geschmack mit Zucker süßen, anrichten, mit Pinien- und Pistazienkernen bestreuen, ausgarnieren und servieren.

FRUCHTSALAT MIT EXOTISCHEN FRÜCHTEN

FÜR 4 PERSONEN:

1 Mangofrucht
1 Sternfrucht
4 Feigen
100 g Litschifrüchte
1 Tasse Orangensaft
1/2 Tasse Orangenlikör
1 Pck. Vanillezucker
Saft von 1 Zitrone
Zucker nach Geschmack ▼

1. Die Mangofrucht dünn schälen, das Fruchtfleisch vom Kern lösen, und das Fruchtfleisch in Würfel schneiden.
2. Die Sternfrucht waschen und in dünne Scheiben schneiden.
3. Die Feigen dünn schälen und halbieren oder vierteln.
4. Die Litschifrüchte schälen und entkernen.
5. Die Früchte in eine Schüssel geben, und alles vorsichtig miteinander vermischen.
6. Den Orangensaft mit dem Orangenlikör, dem Vanillezucker und dem Zitronensaft verrühren, und mit Zucker nach Geschmack süßen.
7. Den Fruchtsalat damit anmachen, 10-15 Minuten ziehen lassen, nochmals abschmecken, anrichten, ausgarnieren und je nach Geschmack mit Eiscreme servieren.

REISSALAT

FÜR 4 PERSONEN:

250 g Reis
2 Scheiben Ananas
1 Mangofrucht
2 Kiwifrüchte
1 Apfel
Saft von 1 Zitrone
30 g Pistazienkerne
30 g Pinienkerne
30 g Cashewkerne
2 EL Butter oder Margarine
2 EL Zucker
1 Tasse Orangensaft
1 Pck. Vanillezucker
1/2 Becher Sahne
Zucker nach Geschmack
4 cl Amaretto ▼

1. Den Reis in eine Schüssel geben, und die in Würfel geschnittenen Ananasscheiben dazugeben.
2. Die Mango, die Kiwis und den Apfel schälen, den Apfel entkernen, das Mangofruchtfleisch vom Kern lösen, und die Früchte in feine Würfel oder Scheiben schneiden, mit Zitronensaft beträufeln.
3. Die Früchte mit den Pistazien-, den Pinien- und den Cashewkernen unter den Reis heben.
4. Die Butter oder Margarine in einer Pfanne erhitzen und den Zucker darin karamelisieren lassen.
5. Mit Orangensaft ablöschen und den Zuckerkaramel loskochen.
6. Mit Vanillezucker aromatisieren, die Sahne angießen und einmal kräftig aufkochen lassen.
7. Den Reissalat mit dem Karamel übergießen, gut vermischen, mit Zucker nach Geschmack süßen und mit Amaretto aromatisieren.
8. Den Reissalat kurz durchziehen lassen, anrichten, ausgarnieren und servieren.

ZIMTKIRSCHEN UND ROTWEINZABAIONE

FÜR 4 PERSONEN:
2 EL Butter oder Margarine
4 EL Zucker
1/8 l Rotwein
400 g entsteinte Sauerkirschen
1 EL Zimtpulver
Speisestärke zum Binden

AUSSERDEM:
4 EL Honig
1/4 l Rotwein
6 Eigelb
1 Pck. Vanillezucker
1 EL geriebene Orangenschale
Zucker nach Geschmack ▼

1. Die Butter oder Margarine in einer Pfanne erhitzen, und den Zucker darin karamelisieren lassen.
2. Mit Rotwein ablöschen, und den Zuckerkaramel loskochen.
3. Die Sauerkirschen mit dem Zimtpulver dazugeben und einmal aufkochen lassen.
4. Die Speisestärke mit etwas Rotwein glattrühren, und das Ganze je nach Geschmack leicht binden.
5. Den Honig mit dem Rotwein, den Eigelben und dem Vanillezucker sowie der Orangenschale in eine feuerfeste Schüssel geben.
6. Das Ganze auf dem Herd oder im Wasserbad zu einem Schaum aufschlagen und je nach Geschmack mit Zucker süßen.
7. Die Zimtkirschen ebenfalls süßen und in dekorative Gläser füllen.
8. Das Ganze mit dem Rotweinschaum überziehen, je nach Geschmack etwas Eis dazugeben, ausgarnieren und servieren.

KAFFEESCHAUM

FÜR 4 PERSONEN:
125 ml Espresso
2 EL Honig
4 cl Marsala
5 Eigelb

AUSSERDEM:
4 Portionen Eiscreme
250 g Fruchtcocktail
4 Portionen gesüßte, geschlagene Sahne ▼

1. Den noch warmen Espresso mit dem Honig und dem Marsala in eine feuerfeste Schüssel geben und kräftig verrühren.
2. Die Eigelbe zum Kaffee geben und das Ganze im Wasserbad oder auf dem Feuer zu einem Schaum aufschlagen.
3. Die Eiscreme portionsweise anrichten und mit dem Fruchtcocktail überziehen.
4. Den Marsalaschaum mit Zucker nach Geschmack süßen und gleichmäßig auf den Fruchtcocktail geben.
5. Die geschlagene, gesüßte Sahne dekorativ darauf anrichten, je nach Geschmack mit Nüssen oder Zuckerstreusel bestreuen, ausgarnieren und servieren.

PALATSCHINKEN MIT FRÜCHTEN

FÜR 4 PERSONEN:
100 g Mehl
1/4 l Milch
1 Pck. Vanillezucker
2-3 Eier
1 Prise Salz
Fett zum Ausbacken
2-3 EL Butter oder Margarine
2 Scheiben Ananas
2 Kiwifrüchte
1 Stück Wassermelone
2 EL grüne Pfefferkörner
einige Tropfen Weinbrand
Zucker nach Geschmack ▼

1. Das Mehl mit der Milch, dem Vanillezucker und den Eiern in eine Schüssel geben und glattrühren.
2. Mit einer Prise Salz abrunden und Fett in einer Pfanne erhitzen.
3. Portionsweise Palatschinken ausbacken, aus der Pfanne nehmen und warm stellen.
4. Den restlichen Teig nach Anweisung ausbacken, und die Palatschinken ebenfalls warm stellen.
5. Im verbliebenen Bratfett die Butter oder Margarine erhitzen, und die in Würfel geschnittenen Ananasscheiben darin erhitzen.
6. Die Kiwifrüchte schälen, fein würfeln, mit dem gewürfelten Wassermelonenfleisch zu den Ananaswürfeln geben und kurz erhitzen.
7. Die Pfefferkörner einrühren und das Ganze mit Weinbrand aromatisieren.
8. Mit Zucker nach Geschmack süßen. Die Palatschinken mit den Früchten füllen, anrichten, ausgarnieren und servieren.

ROTWEINFEIGEN AUF SPUMANTESCHAUM

FÜR 4 PERSONEN:
8 frische Feigen
2 EL Butter oder Margarine
4 EL Honig, 1/4 l Rotwein
1 Zimtstange, einige Nelken

AUSSERDEM:
6 Eigelb
Saft von 1/2 Orange
1/4 l Asti Spumante
1 EL Zucker
1 Pck. Vanillezucker

AUSSERDEM:
4 Orangenhälften
4 Portionen Zimteis ▲

1. Die Feigen vorbereiten, halbieren oder vierteln.

2. Die Butter oder Margarine in einer Pfanne erhitzen, den Honig dazugeben und kurz karamelisieren lassen.

3. Mit Rotwein ablöschen und den Karamel loskochen.

4. Die Zimtstange und die Nelken dazugeben und bei mäßiger Hitze kurz ziehen lassen.

5. Die Feigen in den Sud geben und bei mäßiger Hitze 4-5 Minuten darin ziehen lassen.

6. Das Eigelb mit dem Orangensaft und dem Asti Spumante, dem Zucker und dem Vanillezucker in eine feuerfeste Schüssel geben und auf dem Herd oder im Wasserbad zu einem Schaum aufschlagen.

7. Die Orangenhälften aushöhlen und mit Zimteis füllen. Dekorativ anrichten.

8. Die Rotweinfeigen dazugeben, und das Ganze mit Spumanteschaum überziehen, ausgarnieren und servieren.

REGISTER

**Wir danken für die freundliche
Unterstützung der Firmen:**
ADAM: 39
Copyright by ICE: 8/9, 15, 45
Deutsches Teigwareninstitut: 6/7
Kikkoman Soja-Sauce: 33
Pressebüro Hansmann: 13, 14, 17,
23, 37, 47, 49, 53, 57, 65, 67
USA Sonnenblumenkerne: 19, 31
Thomy: 25, 27, 29, 35